# #

DUMONT

DIREKT

Helsinki

Ulrich Quack
Judith Rixen

Inhalt

Das Beste zu Beginn

Die Essenz der Stadt
Stellen Sie sich vor, Sie hätten nur zwei Stunden Zeit für Helsinki und möchten möglichst viel vom Lebensrythmus der Stadt erleben. Dann lassen Sie sich einfach vom Marktplatz aus auf einer Runde über die Esplanade, die Mannerheimintie und die Aleksanterinkatu treiben. Was Sie dabei sehen und spüren – das ist die Essenz Helsinkis.

Alles auf eine Karte setzen
Für Kulturbegeisterte und eifrige Museumsgänger ist die Helsinki Card eine lohnende Investition. Das Rundum-Paket beinhaltet die größten Must-Have-Seens der Stadt. Mit dabei: Sightseeing, freie Fahrt mit Bus, Metro, Tram und Zug sowie der Fähre zur Festungsinsel Suomenlinna.

Auf zum Markt!
Ein Marktbesuch erzählt einiges über eine Stadt, Helsinkis Märkte erzählen sogar ganz besonders viel. Auf den Märkten und vor allem in den alten Markthallen, drei an der Zahl, stehen die Chancen gut, Mitglied der Helsinki-Fangemeinde zu werden!

Helsinki macht heiß
Auf der Suche nach dem ultimativen ›Hot Spot‹? Dann nichts wie los in die nächste Sauna! Nahezu alle Hotels haben eine, daneben gibt es wunderbar altmodische Saunen, neuerdings auch hypermoderne Anlagen wie den Design-Saunakomplex Hernesaaren Löyly. Selbst in manchen Restaurants und dem Riesenrad SkyWheel ist eine Schwitzkabine untergebracht – für Finnland ganz normal …

Helsinki skurril
Ein Land, das Weltmeisterschaften im Handy-Weitwurf, im Luftgitarrenspiel und im Frauen-Tragen ausrichtet, muss voller schräger Gestalten sein. Kaurismäki-Filme und Paasilinna-Geschichten erzählen davon, im Helsinkier Stadtbild stößt man auf sie allenthalben! Erste Bekanntschaft mit dieser Seite Helsinkis könnte man im Restaurant Zetor (▶ S. 105) schließen.

Partytime!

Lust auf einen romantischen Nachtspaziergang am Freitagabend? Vergessen Sie's! Die Stadt ist pickepackevoll mit feierwütigen Finnen. Viel Alkohol ist im Spiel und der Lärmpegel steigt signifikant an. Für Unterkünfte neben den Party-Spots empfehlen sich dann Ohrstöpsel. Oder Sie feiern einfach mit.

Helsinki für Fußfaule

Sie laufen nicht gern? Oder haben eine Aversion gegen die gewöhnlichen Besichtigungstouren im Sightseeing-Bus? Dann sind die grünen Waggons der Helsinki-Tram genau das Richtige! Besteigen Sie einfach die Linien 2 oder 3, die in einer großen Acht an allen Sehenswürdigkeiten vorbeifahren. Eine Runde dauert etwa eine Stunde. Mit einem Tagesticket ausgestattet, bekommen Sie so einen perfekten Überblick, erleben viel Lokalkolorit und können überall aussteigen, wo es Ihnen gefällt.

Tief stapeln

Dass Helsinki für moderne Architektur steht, beweist es immer wieder aufs Neue, z. B. mit der Zentralbibliothek Oodi (▶ S. 38). Seinen Stil prägen jedoch nicht nur oberirdische Bauwerke, oft verbergen sie sich unterhalb der Erdoberfläche, wie etwa das Amos Rex (▶ S. 41).

Mumin-Mitbringsel

Er ist weiß und ähnelt ein wenig einem Nilpferd. Der kleine Mumin-Troll hat sich auch international zu einer echten Kultfigur gemausert und tummelt sich mittlerweile überall in Helsinki, insbesondere auf Souvenirs wie z. B. den Bechern des Arabia-Werks.

Ulrich Quack treffen Sie mitten im Trubel der Großstadt, wo er über die Domkirche fachsimpelt, Judith Rixen wandert in der atemberaubenden Natur der Parks und Inseln und übt sich derweil in der finnischen Sprache.

Fragen? Erfahrungen? Ideen?

Wir freuen uns auf Post.

Unser Postfach bei DuMont:
rixen@dumontreise.de

Das ist Helsinki

›Tochter der Ostsee‹ wird sie meist genannt und besser als durch die Bronzestatue Havis Amanda zwischen Esplanade und Marktplatz ließe sich die nordische Metropole wohl kaum beschreiben: Die reizvolle, wenngleich kühle Lady entsteigt dem Meer, kann ihren Blick jedoch nie von dem nassen Element lösen. So wie Helsinki seine Entstehung dem Seehandel verdankt, so ist es auch heute noch ganz und gar der Ostsee zugewandt. Die Grenzen zwischen See und Stadt sind fließend, das Land findet seine Fortsetzung in Hunderten von Inseln und Schären und die Ostsee wiederum greift mit vielen Buchten tief in die Landfläche ein. So sind auch die Farben der Nationalflagge nicht dem Zufall geschuldet: der nordische Himmel, hellblau mit seinen Wattewölkchen, der weiße Dom über dem tiefblauen Wasser des Hafens oder an einem schönen Wintertag der Schnee unter wolkenlosem Himmel.

Kindheit und Jugend einer Stadt

Helsinki ist eine junge Dame, die ihre Adoleszenz und Selbstständigkeit gerade erst erlangt hat: Als sie 1550 von dem schwedischen König Gustav Vasa unter dem Namen ›Helsingfors‹ gegründet wurde, gab es Kopenhagen, Stockholm und Oslo schon lange. Damals jedoch war sie weder finnisch noch Hauptstadt: Über 600 Jahre war Finnland Teil des schwedischen Königreichs. Als 1809 die schwedischen Truppen auf Sveaborg (heute Suomenlinna) vor den Russen kapitulierten, wechselte die Provinz Finnland von der Dominanz der gestrengen ›Svea‹ unter die Fittiche von Großmütterchen Russland. Die jedoch ließ ihr zu großen Teilen freie Hand – die russische Herrschaft bedeutete für das Großherzogtum zunächst weitgehende Autonomie und ermöglichte der finnischen Kultur erstmalig, sich von Schweden zu emanzipieren. Nachdem Helsinki 1812 das schwedennahe Turku/Åbo als junge finnische Hauptstadt abgelöst hatte, nahm es auch gesellschaftlich und kulturell die Fäden in die Hand. Nach der Oktoberrevolution 1917 entwand sich Finnland als unabhängige Republik nun endgültig dem Griff Russlands. Lange war es durch seine Lage zwischen Ost und West innerlich zerrissen (so zählt Finnland, streng genommen, allein aufgrund der sprachlichen und kulturellen Wurzeln nicht zu Skandinavien), aber längst sucht Helsinki immer stärker den Anschluss an seine nordischen und zentraleuropäischen Geschwister, so z. B. durch den EU-Beitritt Finnlands im Jahr 1995.

Nordische Schönheit

Die Jugend Helsinkis spiegelt sich auch in ihrem Antlitz wider: Das heutige Stadtbild ist das Resultat des Wiederaufbaus nach dem Brand von 1808/09, eine romanische Kirche oder eine Burg aus dem Mittelalter sucht man hier vergebens. Unter die hellen Gebäude des neoklassizistischen Zentrums (nach Plänen Johan Albrecht Ehrenströms und Carl Ludwig Engels) mischen sich die verspielteren Formen des Jugendstils und der Nationalromantik sowie der nüchterne Funktionalismus und Modernismus der 1930er Jahre, geformt von den meisterlichen Händen Alvar Aaltos.

In den hellen Nächten zeigt Helsinki ein anderes Gesicht: Zur blauen Stunde ist der Senatsplatz besonders atmosphärisch.

Doch noch immer befindet sich die Stadt in ihren Wachstumsjahren: Sie wuchert über die Vororte hinaus, sodass die Grenzen zu den Nachbarstädten Espoo und Vantaa heute kaum mehr auszumachen sind. Nun gut, ein wenig ›Facelifting‹ hat sich die junge Stadt dann doch stehen lassen: 1952 bekam sie beispielsweise mit den Olympischen Sommerspielen durch neue Sportarenen, Hotels und Infrastruktur ein neues Gesicht, und auch heute entwickeln sich ehemalige Industrieareale zu attraktiven Wohn- und Freizeitgebieten. Im Jahr 2000 wurde die Schönheit Helsinkis durch die Wahl zur Europäischen Kulturhauptstadt gewürdigt, 2012 wurde sie zur Welthauptstadt des Designs gekürt.

Eine Stadt mit vielen Gesichtern

Die jugendliche Stadt reizt vor allem durch ihre Kontraste: Mal kühl und düster, mal warm und überschwänglich, mal launisch und skurril. Das betrifft nicht nur die bezeichnende Lage zwischen Ost und West, die in Kultur, Architektur und Küche spürbar wird, sondern auch die Jahreszeiten: In den Sommernächten liegt eine unwirkliche Stimmung über der Stadt, wenn ihre Silhouette um Mitternacht in Dämmerlicht getaucht ist. So hell die Sommer, so dunkel sind die Winter in Helsinki – doch auch sie sind atmosphärisch unvergleichlich, z. B. wenn der Weihnachtsmarkt hell erleuchtet ist! Den langsamen, finnischen Tango liebt man hier ebenso wie Heavy Metal. Als moderne, dynamische Boomtown mit Großstadtcharakter bleibt die finnische Hauptstadt doch stets im überschaubaren Westentaschen-Format. Mit den großen Einkaufszentren und hippen Läden ist sie ein heißer Tipp für Shopping-Enthusiasten; die grünen Fleckchen an jeder Ecke und das maritime Flair erfreuen die Naturliebhaber. Sitzt man bei Sonnenuntergang auf einem der charakteristischen Granitfelsen mit Blick über die See, möchte man ihr zurufen: Helsinki, du bist unvergleichlich!

Helsinki in Zahlen

1

Liter Kaffee pro Tag und pro Person – damit haben die Finnen den durchschnittlich höchsten Kaffeekonsum der Welt.

2

Mal (2018 und 2019) belegte Finnland Platz 1 im »World Happiness Report« – die Finnen sind somit statistisch die glücklichsten Menschen der Welt.

5

Kaffeepaussi macht der durchschnittliche Helsinkier pro Tag.

5,6

Prozent der Einwohner Helsinkis sprechen Schwedisch, 5,2 Prozent im Landesdurchschnitt.

27

Prozent der 5,63 Millionen Finnen leben im Großraum Helsinki.

40

Bibliotheken versorgen die Bewohner mit Lesestoff.

108

Jahre lang war Finnland ein autonomes russisches Großfürstentum (1809–1917).

123

Kilometer lang ist die Küsten-
linie innerhalb des Stadtgebiets.

140

Nationalitäten leben in Helsinki.

200

Kilometer gespurte Loipen
stehen Langläufern im Winter
zur Verfügung.

315

Inseln besitzt Helsinki.

400

Statuen, Kunstwerke und Denkmäler sind über die gesamte
Stadtfläche verteilt.

600

Jahre lang gehörte Finnland zum
schwedischen Königreich.

719

Quadratkilometer beträgt die
Fläche der Stadt – etwas weniger
als die Berlins und mehr als dop-
pelt so viel wie die Münchens.
Davon sind fast 40 Prozent Parks
und Grünanlagen.

1200

Kilometer lang sind die Fahrrad-
wege in Helsinki.

1600

Restaurants gibt es in der Stadt –
vielleicht sogar ein paar mehr.

27

Strände laden im Sommer
zum Baden und Faulenzen
ein.

Was ist wo?

Helsinki ist ein Gebilde aus Land und Meer, umgeben von einem Kranz aus Inseln. Mit seinem neoklassizistischen Zentrum wirkt Helsinki kompakt. Und tatsächlich sind die meisten Hauptsehenswürdigkeiten vom zentralen Senatsplatz aus gut zu Fuß zu erreichen. Doch Helsinki ist größer als es scheint! Das bedeutet, dass manche Viertel und Quartiere, die ein völlig eigenes Gepräge haben, recht weit vom Zentrum zu finden sind.

Historisches Zentrum

Der **Senatsplatz** (🕮 H 5) mit dem Dom ist Helsinkis Postkartenmotiv schlechthin. C. L. Engels architektonisches Meisterwerk gilt als einer der ganz großen Würfe neuklassizistischer Stadtplanung und ist Helsinkis historischer wie urbaner Mittelpunkt. Auch **Marktplatz** (🕮 H 5) und **Esplanade** (🕮 G/H 5) gehören zum historischen Zentrum. Der ›Bauch‹ der Hauptstadt und ihre schönste Flaniermeile versprühen mit Skulpturen, Pavillons, mondänen Hotels, Brunnen, Einkaufsgalerien, Kaufhäusern und Straßencafés fast ein wenig Pariser Atmosphäre!

Bahnhofsviertel

Oberirdisch einer der schönsten **Kopfbahnhöfe** (🕮 G 4/5) Europas, unterirdisch ein wahres Labyrinth aus Fußgängerpassagen – das Bahnhofsviertel bietet grelles Großstadtleben mit viel Verkehr, Hotels, Kneipen und Shoppingmöglichkeiten ebenso wie verschwiegene Grünanlagen und Kultur.

Mannerheimintie und Kamppi

Die großstädtische **Mannerheimintie** (🕮 F/G 4/5) ist die wichtigste Verkehrsader der Innenstadt, an der sich Sehenswürdigkeiten wie Reichstag, Nationalmuseum, Zentralbibliothek und Kiasma, aber auch Kinos, Kaufhäuser, Restaurants und Hotels aneinanderreihen. Westlich der Straße schließt sich der **Kamppi-Komplex** (🕮 F 5) im gleichnamigen Viertel an, mit Museen und ausgedehnten Parks.

Design-Distrikt

Herzstück des sog. Design-Distrikts bilden das **Design-** und das **Architekturmuseum** (🕮 G 6). Rundherum erstreckt sich das Viertel, an dem man allerorten schicke Cafés und Bars, kleine Boutiquen und Läden, Restaurants und Gallerien finden kann. Die Iso Roobertinkatu, kurz Isoroba genannt, eignet sich als Ausgangspunkt für eine kleine Entdeckungstour.

Katajanokka

Auf der Halbinsel Katajanokka ist man Russland nah! Hier steht die größte **russisch-orthodoxe Kirche** (🕮 H 5) Nordeuropas, gibt es etliche Gebäude aus zaristischer Zeit und russische Gourmet-Restaurants. Ansonsten: viel Jugendstil, eine beachtliche Eisbrecherflotte und insgesamt ein unaufgeregtes, ruhiges Wohnviertel.

Kallio

Der Stadtteil **Kallio** (🕮 G–J 2–4) war ein ärmlicher Arbeiter-Vorort. Heute wird er nach und nach von Studenten, kreativen Köpfen und Startup-Unternehmern erobert und in ein Hipster-Viertel verwandelt.

Töölö-Bucht

Die **Töölö-Bucht** (🕮 F/G 2–4) war schon in der Stadtplanung der 1930er-Jahre als ›Neues Zentrum‹ vorgesehen. Heute setzen Finlandia-Halle, Musik-Haus, Nationaloper und Stadttheater kulturelle Akzente nahe dem Wasser. Nördlich der Bucht befinden sich das **Olympiastadion** (📖 F 2) und der Vergnügungspark Linnanmäki (📖 G 2).

Kaivopuisto und Eira

Der große Park **Kaivopuisto** (📖 H/J 6/7) mit dem Botschaftsviertel und das Jugendstilviertel **Eira** (📖 G 7) befinden sich am Südrand einer hügeligen Halbinsel. Diverse Einkehrmöglichkeiten, eine Uferpromenade und wunderbare Aussichtspunkte machen die Gegend attraktiv. Die Südspitze **Hernesaari** (📖 F 7/8) wirft gerade ihr Industrie-Kleid ab und erfindet sich neu – u. a. mit einer Design-Sauna und einem Partystrand.

Hietaniemi

Das Quartier Hietaniemi vereint Gegensätzliches: ewige Ruhe auf dem größten **Friedhof** (📖 D/E 4/5) der Stadt und quirliges Badeleben am populärsten **Sandstrand** (📖 D 4), daneben stehen Architekturikonen wie die **Felsenkirche** (📖 F 4) und unspektakuläre Wohnsiedlungen, großstädtische Bebauung und Grünanlagen wie der **Sibelius-Park** (📖 E 3) mit dem gleichnamigen berühmten Monument.

Ruoholahti

Ruoholahti (📖 D/E 5/6) ist einer der Stadtteile, die für den Strukturwandel der Hauptstadt stehen: In ehemalige Werften und Fabriken zogen Kulturzentren, Museen und Büros ein, daneben konnten sich moderne Architekten ausleben. Interessant, aber kein Muss.

Seurasaari

Die Insel **Seurasaari** (📖 B/C 2–4), durch eine Brücke mit dem Stadtgebiet verbunden, repräsentiert durch ihr Freilichtmuseum das ländliche Finnland und ist mit ihren Bade- und Wandergelegenheiten ein Fluchtpunkt für gestresste Großstädter.

Suomenlinna

Der Mini-Archipel von **Suomenlinna** (📖 Karte 3) steht als ehemalige Seefestung gleich dreier Mächte auf der UNESCO-Liste des Weltkulturerbes. Neben der Geschichte locken die Schären im Sommer Wanderlustige und Badefreunde hierher, auch für ein zünftiges Picknick eignen sie sich ganz hervorragend.

Augenblicke

Nah am Wasser gebaut

Nicht nur die Geschichte, sondern auch das Lebensgefühl in Helsinki ist von der Beziehung zwischen Land und Meer geprägt. Die Vielzahl an Buchten, Inseln, Schären, Häfen und Stränden ist einzigartig und typisch für Finnlands Hauptstadt. Von allen Punkten in der Innenstadt öffnet sich irgendwann die Sicht auf das kühle Nass und manchmal scheint es, als führen die Riesenfähren aus Stockholm oder Tallinn geradewegs in die Straßenschluchten des Zentrums hinein.

...s grünt so grün

Edible city *Essbare Stadt ?!*

Über ein Drittel des Stadtgebiets sind Parks, die Helsinki als grüne Lungen mit Frischluft versorgen. Überall kann hinter der nächsten Ecke ein versteckter Rosengarten oder eine felsige Grünanlage zu einem Spaziergang einladen. An warmen Sommertagen sind die Parks ein beliebter Treffpunkt zum Picknicken und Entspannen. Die mit Abstand populärste Attraktion ist der Sibelius-Park mit seinem orgelförmigen Denkmal – der ideale Ort für ein Selfie mit dem großartigen Komponisten.

Schwitzen mit Seeblick

Sauna – das ist so ziemlich das einzige finnische Wort, das sich international durchsetzen konnte: Die Sauna gehört zur finnischen Kultur wie das Wasser zum Meer. Die Finnen schwitzen nackt, aber geschlechtergetrennt, und zuweilen peitschen sie sich mit einem Birkenquast. So ein Saunabesuch kann sich – mit Abkühlen in See oder Eisloch – über Stunden hinziehen. Für eine Unterhaltung mit einem Finnen ist man hier richtig: Die schweigsamen Gesellen tauen hier regelrecht auf.

Ihr Helsinki-Kompass

#2
Am Bauch der Stadt –
der Marktplatz

#3
Sehen und gesehen
werden – **die
Esplanade**

*Fischreich,
farbenfroh +
typisch finnisch*

**ZUM BUMMELN
UND FLANIEREN**

#1
Finnlands gute
Stube – **der
Senatsplatz**

VISITENKARTE IN WEISS

WOMIT FANGE ICH AN?

Picknick
in den Schären

#15
Wellenumkämpfte
Festungsinsel –
Suomenlinna

**TOR ZU EINER
ANDEREN WELT**

**MUSIK,
MUSEEN UND
NOCH MEER ...**

#14
Finnlands
konservierte Seele –
Seurasaari

**WIE
INDUSTRIE
ZU
KULTUR
WIRD**

#13
Strukturwandel live –
am Länsisatama

#12
Ein Tempel im
Felsen – **rund um
Hietaniemi**

#4
Ein Kopfbahnhof
als Mittelpunkt –
Rautatieasema

#5
Am Puls der
Großstadt –
Mannerheimintie

ENDSTATION WAHRZEICHEN

WO HELSINKI METROPOLE SPIELT

Ein anderer Blickwinkel

#6
Unter die Erde und
hoch hinaus – **im
Kamppi**

Design Walk
von Alvar Aalto bis Ilmari Tapiovaara

#7
Für die schönen Dinge
des Lebens – **im
Design-Distrikt**

KLEIN-MOSKAU –
NUR UNORTHODOXER?

#8
Russland ganz nah –
**die Katajanokka-
Halbinsel**

HELSINKI FÜR HIPSTER

Oper trifft Olympia

#9
Arbeiterquartier im
Wandel – **zwischen
Nordufer und Kallio**

lazy afternoon

#11
Strände, Jugendstil
und Panoramablicke –
Kaivopuisto und Eira

#10
Weiße Bauten, blaues
Wasser – **entlang der
Töölö-Bucht**

19

1

Finnlands gute Stube –
der Senatsplatz

Klassizistisch, elegant, strahlend: Helsinkis Senatsplatz (Senaatintori) ist Finnlands weiße Visitenkarte – und noch viel mehr! Open-Air-Bühne und Ort für Demonstrationen, gute Stube und populärer Treff, natürlicher Mittelpunkt der Hauptstadt und gleichzeitig deren größte Sehenswürdigkeit.

Alle Helsinkier an einem Tisch – das schafft der Helsinki Day. Beim Picknick-Dinner unter freiem Himmel, hier vor dem Dom, knüpfen die Hauptstädter neue Kontakte und pflegen alte!

Der Senatsplatz mit dem Viertel Kruununhaka gilt als das eigentliche Zentrum der Hauptstadt. Nach dem verheerenden Brand von 1808 wurde hier die neue Stadt gebaut.

Hier geht's ab

Herzstück des neuen Helsinki sollten der Senatsplatz und seine Umgebung sein, hier sollten sich die wichtigsten Institutionen konzentrieren. Dabei entstand ein neoklassizistisches Ensemble harmonischer, in hellen Farben gehaltener Gebäude, wie man sie in dieser Reinheit und Geschlossenheit weltweit selten findet – ein St. Petersburg im verkleinerten Maßstab, das bis heute unverändert blieb. In der Weihnachtszeit steht auf dem Platz der größte Weihnachtsbaum des Landes, in der Neujahrsnacht versammelt man sich an der Alexander-Statue zur traditionellen Andacht und zu besonderen Konzerten können sich schon mal 60 000 Zuschauer einfinden.

Bei Alex und den Damen

Die schmalen Straßen, die vom Hafen zum Senatsplatz hinaufführen, geben immer nur einen kleinen Ausschnitt der Domkirche frei. Die großartige Wirkung des Platzes erleben Sie erst, wenn Sie die Aleksanterinkatu an seiner Südseite erreicht haben. Der flankierende Häuserblock wurde zum hundertjährigen Jubiläum Finnlands 2017 renoviert und als **Torikorttelit** 🔒 neu eröffnet. In den historischen Gebäuden im neoklassizistischen und finnischen Empire-Stil, die allesamt exotische Tiernamen tragen, findet sich ein buntes Gemenge aus Restaurants, Boutiquen und Kultur: Unbedingt zu besichtigen sind das modernisierte **Stadtmuseum** `1` und seine Ausstellung für Kinder im grauen Sederholm-Haus – mit seinem Erbauungsjahr 1757 das älteste erhaltene Steinhaus Helsinkis.

Dann endlich: Wirklich zauberhaft dieser **Senatsplatz** `2`, der zwar seinen Namen nach der finnischen Obrigkeit trägt, viel mehr aber noch an jenen russischen Zaren erinnert, der für einige Reformen sorgte: Im Mittelpunkt des Platzes ehrt noch heute eine Statue **Alexander II.** Das bronzene Standbild wurde 1894 vollendet, die den Zaren umgebenden Frauengestalten symbolisieren Gesetz, Frieden, Licht und Arbeit.

Willkommensgruß vom Wahrzeichen

Die gesamte Nordseite des Platzes begrenzt eine riesige Freitreppe aus Granit, die an sonnigen Tagen zu einer überdimensionalen Tribüne wird. Dahinter überragt den Platz die 1852 fertiggestellte lutherische **Domkirche** `3` (Tuomiokirkko) – sicher das meistfotografierte Gebäude des Landes! Durch seine Größe und erhöhte Lage domi-

Alles Gute kommt von oben, denkt sich Alexander II., in Finnland als der ›gute Zar‹ bekannt. Die Statue schuf Walter Runeberg, der Sohn des Nationaldichters.

ÜBRIGENS

Helsinkis Dom entstand ab 1832 nach Plänen eines deutschen Architekten: **Carl Ludwig Engel** wurde 1778 in Berlin geboren, fand dort wegen der napoleonischen Besatzung aber keine Anstellung und suchte sein Glück daher in russischen Diensten. Ab 1824 war er Generalintendent für alle Baumaßnahmen im russischen Großfürstentum Finnland. So konnte er mit seinen klassizistischen Entwürfen den gesamten Stadtumbau Helsinkis prägen. Viele seiner Entwürfe wurden erst nach seinem Tod 1840 umgesetzt.

INFOS/ÖFFNUNGSZEITEN

Torikorttelit 🅸: zwischen Senatsplatz und Marktplatz, www.torikorttelit.fi, alle Läden und Cafés haben eigene Öffnungszeiten.

Stadtmuseum 1: Alexanderinkatu 16, www.helsinginkaupunginmuseo.fi, Mo–Fr 11–19, Sa/So 11–17 Uhr, freier Eintritt

Domkirche 3: Unioninkatu 29, tgl. 9–18 Uhr, https://helsingintuomio kirkko.fi/en, Eintritt frei

Finnische Nationalbibliothek 5: Unioninkatu 36, Juni–Aug. Mo–Fr 9–16 Uhr, sonst 9–18 Uhr

Heilige Dreifaltigkeitskirche 7: Unioninkatu 31, geöffnet zu den Messen Sa 18, So 10 Uhr

KULINARISCHES FÜR ZWISCHENDURCH

Unter eindrucksvollen Gewölben sitzt man unter der Domkirche im **Café Krypta** 1. Das Angebot ist bescheiden, aber preiswert. Das Café punktet außerdem mit Kunstausstellungen (Kirkkokatu 18, Juni–Aug. 9–24, sonst 9–18 Uhr). **Café Balder** 2: Aleksanterinkatu 12 (3. Etage), www.balder.fi, Mo–Fr 10.30–14.30 Uhr
Der Blick auf Dom und Senatsplatz durch das große Fenster im **Café Engel** 3 ist atemberaubend (Aleksanterinkatu 26, www.cafeengel.fi, Mo–Fr 8–22, Sa 9–22, So 10–19 Uhr). Die süßen Leckereien sind ebenso ihr Geld wert wie das leckere Frühstück und die herzhaften Speisen. Im Sommer Freilichtkino im Innenhof (▶ S. 109).
Eine schöne Einkehrgelegenheit gleich nebenan ist auch das **Sofia Bistro** 4 im historischen Kiseleff-Haus (Aleksanterinkatu 28, https://sofiafuturefarm.fi, Mo–Fr 8–16 Uhr). In dem hohen Saal gibt's leckere Frühstücks- und Lunchbüfetts in modernem Ambiente.

Cityplan: H 4/5 | **Tram** 2, 4, 5, 7, **Metro** Helsingin Yliopisto

niert es die Stadtansicht Helsinkis und begrüßt alle Reisenden, die mit der Fähre ankommen, schon von Weitem. Das Innere ist – für viele Besucher überraschend – sehr schlicht. Von der Domterrasse eröffnet sich ein herrlicher Blick über den Senatsplatz. Die Krypta der Kirche wird u. a. für Musikveranstaltungen und Kunstausstellungen genutzt, für eine Kaffeepause bietet sich hier das **Café Krypta** 1 an.

Harmonische Nachbarschaft

Die Wirkung des weißen Doms wird durch die gelben neoklassizistischen Bauten noch gesteigert, die links und rechts den Platz flankieren. Im Westen gehört dazu das Hauptgebäude der

Dom

Fast wie ein Märchenschloss, so thront der Dom vom Hafen aus gesehen über den Lichtern der Stadt.

1832 eingeweihten **Universität** 4 (Yliopisto), an die sich oberhalb die **Finnische Nationalbibliothek** 5 (Kansalliskirjasto) mit ihrer flachen Kuppel anschließt. Beide sind öffentlich zugänglich, also auch der Lesesaal der Bibliothek – unbedingt anschauen, es lohnt sich! Auf der östlichen Seite des Senatsplatzes spiegelt sich die Universität in der Fassade des **Regierungspalais** 6 (Valtioneuvoston linna), heute der Sitz des Ministerpräsidenten.

→ UM DIE ECKE

Bei einem Streifzug durch das **Kruunuhaka-Viertel** nördlich vom Senatsplatz, entlang der Straßen Kirkkokatu, Snellmaninkatu, Rauhankatu und Unioninkatu, stoßen Sie auf prächtige Wohnhäuser, Universitätsgebäude, Banken, kleine Parkanlagen, Restaurants sowie Tante-Emma- und Antiquitätenläden. Zu den auffälligsten Bauwerken zählt die kleine **Heilige Dreifaltigkeitskirche** 7 (Pyhän Kolminaisuuden kirkko), die sich hinter der Domkirche in einem Park versteckt. 1827 geweiht, werden hier noch immer Gottesdienste in Finnisch und Kirchenslawisch abgehalten. Nahebei zeigt die **Bank von Finnland** 8 (Suomen Pankki) ein kleines Geldmuseum, davor trägt der Sockel des J. W. Snellman-Denkmals noch die Spuren der Luftangriffe von 1944. Am schönsten aber strahlt gegenüber das 1891 errichtete, einem griechischen Tempel nachempfundene **Ständehaus** 9 (Säätytalo). Auf dem Rückweg kommen Sie am **Zoll- und Packhaus** 10 (Tulli- ja pakkahuone) vorbei, nach dem Sederholm-Haus das zweitälteste der Stadt (!) und schräg gegenüber am neugotischen **Ritterhaus** 11 (Ritarihuone). In russischer Zeit war es ein Treffpunkt des Adels, heute werden hier Kammerkonzerte gegeben.

N
NOCH WAS

Das kleine, aber feine **Café Balder** 2 ist nach dem Lichtgott der nordischen Mythologie benannt. Sollte Sie in Helsinki doch einmal das Schmuddelwetter überraschen – nichts wie hin: Der hausgemachte Kuchen ist ein echter Lichtblick! Zum besonderen Flair trägt auch das Gebäude im französischen Barockstil (1814) bei. Auch Balders Saal gleich nebenan ist mit seiner Art-déco-Ausstattung von 1931 wirklich sehenswert, aber nur bei einem Konzert zu besuchen. Einfach mal fragen!

 # 2

Am Bauch der Stadt –
der Marktplatz

Der Marktplatz am Hafen, Kauppatori, ist Helsinkis Bauch – und eine Freude für alle Sinne. Ob Ostseelachs oder Rentierschinken, Beeren, Pilze, Blumen oder Souvenirs – im Gewimmel der Stände wird jede Menge Finnlandtypisches angeboten. Nicht minder beeindruckt der architektonische Rahmen mit seinen repräsentativen Gebäuden und der Markthalle.

Der von Ostsee, zwei Halbinseln und dem Stadtzentrum eingerahmte Kauppatori ist neben dem Senaatintori der wichtigste Platz der Stadt. Und er ist sehr viel mehr als ein Markt im herkömmlichen Sinn. Natürlich kann man hier Fisch, Fleisch, Obst und Gemüse kaufen oder auch Souvenirs wie Rentierfelle oder Lappenmesser. Hauptstädter und Touristen kommen aber auch hierher, um

Bunt und immer viel los auf dem Marktplatz: Hier finden Sie frische finnische Leckerbissen wie die ›mustikka‹ (Blaubeere).

zu sehen und gesehen zu werden, um Kaffee zu trinken oder eine Pirogge zu essen. Die Ausflugsboote für Schärenkreuzfahrten starten am Markt, ebenso die Personenfähren zur Seefestung Suomenlinna und die Wasserbusse zum Inselchen Korkeasaari mit dem Zoo.

Ein Stein im Magen

Das Zentrum des Kauppatori, sozusagen den Nabel der Stadt, markiert der sogenannte **Stein der Zarin** 1 (Keisarinnankivi). Der Obelisk, übrigens das erste öffentliche Denkmal in Helsinki, wird vom russischen Doppeladler gekrönt. Er erinnert an den Besuch des Zaren Nikolaus I. und seiner Gattin Alexandra im Jahr 1833. Rings um den Obelisken, aber auch auf offenen Booten und im rot-weißen Backsteingebäude südwestlich hinter dem kleinen Hafenbecken findet der zentrale **Markt** 🛍 statt (▶ S. 101).

Frischer Fisch: Eine Vielfalt an maritimen Leckereien und mehr wird seit 1743 auf dem Heringsmarkt feilgeboten.

Das alte Herz der Republik

Wendet man sich vom Markt nach Norden der Stadt zu, findet der Platz in einer Reihe durchweg repräsentativer, in hellen Farben gehaltener Gebäude seinen Abschluss. Dabei fällt zur Rechten neben der etwas zurückliegenden Hochwache das **Präsidentenpalais** 2 (Presidentin Linna) auf. Es ist nicht nur das eindrucksvollste Bauwerk am Markt, sondern war auch lange Zeit das Zentrum der politischen Macht im Lande. Ursprünglich stand hier ein 1818 errichtetes Privathaus, das dann zum Palast der Zaren umgebaut wurde. Ab der Unabhängigkeit residierten außer Urho Kekkonen alle finnischen Staatsoberhäupter im Präsidentenpalais. Zum Unabhängigkeitstag am 6. Dezember empfängt der Präsident hier alljährlich die Prominenz des Landes – allein das Händeschütteln dauert oft Stunden und wird von den Landeskindern gebannt im TV verfolgt. Seit 1993 allerdings ist der Präsidentenamtssitz auf der Halbinsel Mäntyniemi zur wichtigsten politischen Adresse der Republik geworden. An das Präsidentenpalais schließt sich das Gebäude des **Obersten Gerichtshofs** 3 (Korkeimman oikeuden palatsi) an, an dieses wiederum die **Schwedische Botschaft** 4 (Ruotsin Suurlähetystö), deren Formensprache und Säulenbalustrade vage an das Königliche Schloss in Stockholm erinnern möchten. Natürlich soll durch

H HERING

Der traditionelle **Strömlingsmarkt** (Heringsmarkt) auf dem Kauppatori ist im Oktober ein Hauptevent im städtischen Festtagskalender.

KULINARISCHES FÜR ZWISCHENDURCH
Markt  Mo–Sa 6.30–18, im Sommer auch So 10–17 Uhr, ► auch S. 101

Für kleine Leckereien ist die **Alte Markthalle** (Mo–Sa 8–18) die erste Wahl. Wer Lust auf ausgedehntere kulinarische Expeditionen bekommen hat, findet dazu auf Restaurantschiffen und an der Uferstraße Eteläranta reichlich Gelegenheit.

Gegenüber kann man im **Block by Dylan** mit Blick auf Hafen und die Markthalle in stylischem Ambiente und mit gutem Preis-Leistungs-Verhältnis herzhaft frühstücken, sich am Lunchbüfett bedienen oder Sa/So zum Brunch einkehren (Eteläranta 18, T 040 553 30 00, www.dylan.fi/block, Frühstück Mo–Fr 8–10, Mittag Mo–Fr 10.30–14, Brunch Sa/So 10.30–15.30 Uhr).

Cityplan: H 5 | Tram 1, 2, 4/4 T, 7A/B

diesen exponierten Ort die besondere Bedeutung Schwedens für Finnland unterstrichen werden.

Die Katarinankatu trennt die Schwedische Botschaft vom ursprünglich als Hotel konzipierten **Stadthaus** 5 (Kaupungintalo).

Wer ist die Schönste im Land?

Hinter zwei Hafenbecken mit dem wenig schmeichelhaften Namen ›Cholera-Bassin‹ liegt etwas abseits und südwestlich des eigentlichen Marktgeschehens eine mehrfarbige und schön dekorierte Ziegelsteinhalle. Diese **Alte Markthalle** (Vanha kauppahalli, ► S. 101) von 1888 ist weder die einzige noch die größte der Stadt, dafür aber die älteste und sicher auch die schönste.

→ UM DIE ECKE

Von Mai bis Sept. startet tgl. um 11.30 und 14 Uhr vor der **Alten Markthalle** das Ausflugsboot MS Doris zu **Schärenrundfahrten** rund um die Festungsinsel Suomenlinna (► S. 74). Auf dem 1,5-Std.-Trip sehen Sie viel von der labyrinthartigen Wasserlandschaft, außerdem bietet die Schiffsküche ein Mittagsbüfett an. Ebenfalls im Programm: Sunset- und Dinner-Kreuzfahrten (Iha-Lines, T 09 68 74 50 50, www.ihalines.fi, 20 €, mit Büfett 35 €/Pers.).

Sehen und gesehen werden – **die Esplanade**

3

Einmal zum Schwedischen Theater und zurück – ein kleiner Bummel nur zwischen Hafen und Mannerheimintie. Dass man für diese kurze Strecke trotzdem gut einen halben Tag einplanen sollte, liegt an der berühmten Esplanade, seit Generationen Helsinkis Top-Adresse für den Einkaufsbummel.

Senatsplatz, Marktplatz und Esplanade – die drei markieren das historische Dreieck des neoklassizistischen Zentrums. Und darunter ist die Esplanade der eleganteste Eckpunkt – sie teilt sich in die Nördliche (Pohjoisesplanadi) und Südliche Esplanade (Eteläesplanadi). Beide Straßen gelten als Top-Shopping- Adressen, doch gibt es auch schöne Cafés, Restaurants, traditionsrei-

Auf der Esplanade lässt es sich nicht nur prima flanieren, auch für Entspannung in der Sonne ist gesorgt – natürlich unter den wachsamen Augen des Nationaldichters Runeberg.

Mal sehr exklusiv shoppen? Die Esplanade ist nicht nur Flaniermeile, sondern seit Generationen die Top-Adresse für den **Einkaufsbummel,** vor allem die Nördliche Esplanade, Pohjoisesplanadi. An ihrem oberen Ende befinden sich das Warenhaus Stockmann und nahebei die noble Galleria Espland. In dieser Gegend finden Sie die namhaftesten finnischen Mode- und Designmarken, z. B. Aarikka, Arabia, Artek, Finlayson, Iittala und Marimekko.

Die Mumin-Tassen der Marke Arabia sind ein echter Exportschlager und auch unter Finnen beliebte Sammlerstücke.

che Luxushotels, Banken und Geschäftshäuser. Dazwischen erstreckt sich ein parkartiger Mittelstreifen, wie man ihn sich zum Flanieren vor allem im Sommer schöner nicht denken kann. Hier lässt man sich vor den Denkmälern der Nationalhelden fotografieren oder nimmt Platz, um eines der häufigen Sommerkonzerte zu genießen. Wegen dreier Straßen, die die Esplanade in Nord-Süd-Richtung queren, unterscheiden die Helsinkier in der Grünanlage drei Sektionen, die nach den Hauptattraktionen Kappeliesplanadi, Runeberginesplanadi und Teatteriesplanadi genannt werden.

Helsinkis Big Mama

Das charmante, wenn auch verkehrsumtoste Entreé zur Esplanade oder, je nach Perspektive, deren Ende bildet die entzückende Brunnenfigur **Havis Amanda 1.** Die einstmals sehr kontrovers diskutierte nackte Frauenfigur wurde in Paris gefertigt und 1908 hier aufgestellt. Mit ihren weiblichen Kurven und einer stattlichen Größe von 5 m ist die bronzene Lady ein echtes Vollweib (weshalb man sie zunächst als ›obszön‹ beschimpfte).

Dahinter liegt ein ansehnliches Eckhaus von 1816, das eine wahre Perle in seinem Inneren verbirgt: Der wunderschöne **Jugendsali 2** wurde von Lars Sonck ursprünglich als Bank geplant, heute ist hier das gemütliche Café-Restaurant Robert's Coffee Jugend untergebracht. Er ist eine der wenigen Jugendstil-Räumlichkeiten Finnlands, die der Öffentlichkeit zugänglich sind.

Flair der Vergangenheit

Namensgeber und zentraler Punkt in diesem Esplanaden-Abschnitt ist aber **Kappeli 1,** ein Holzschlösschen von 1867 mit Glasveranda, Café, Restaurant und Bar. Der wunderschöne Bau gilt schon seit Generationen als Helsinkier Institution. Immer noch spürt man die Atmosphäre jener Zeit, als hier Jean Sibelius ein- und ausging, auch wenn das Interieur modern ist. Das zweistöckige Haus hinter der Kappeli am südlichen Rand der Esplanade ist übrigens das älteste der Straße; es wurde 1824 fertiggestellt, war in der russischen Zeit die Residenz des Generalgouverneurs und im Bürgerkrieg zwischen Mannerheims ›Weißen‹ und den sozialistischen ›Roten‹ das Hauptquartier der Roten.

Helsinki erwacht aus dem Winterschlaf: ›Manta‹ jedenfalls scheint die Aufmerksamkeit zu genießen.

Genau in der Mitte der Esplanade steht das **J. L. Runeberg-Denkmal** **3** mit der Statue des finnischen Nationaldichters (1804–77) auf hohem Sockel, unter ihm die Muse der Dichtkunst. Die Figur ist ein Werk von Runebergs Sohn Walter. In direkter Nachbarschaft erheben sich an der Nördlichen Esplanade hochherrschaftliche Wohn- und Geschäftshäuser im Stil der Neorenaissance.

Auch die Hotellerie ist hier mit einer der allerersten Adressen Skandinaviens vertreten: dem **Hotel Kämp** **1**. Es geht auf den Restaurateur Carl Kämp zurück, der 1887 an der Esplanade eine Herberge eröffnete, die unter seinem Namen bald zur Legende wurde – als erstes wirkliches Luxushotel der nordischen Länder. Hier nächtigten schon zahlreiche gekrönte Häupter, Präsidenten, berühmte Künstler und Wirtschaftsbosse. Nach einer Zeit des Verfalls wurde das traditionsreiche Haus 1999 wiedereröffnet und avancierte auf Anhieb zur nobelsten Adresse in ganz Finnland. Alle Räume erscheinen im historischen Gewand, besonders schön die Bibliothek, der Rezeptionsbereich und der verspiegelte Ballsaal mit Kronleuchtern, vergoldetem Stuck und Fresken.

Gourmets

Auf der anderen Seite des begrünten Mittelstreifens mit dem Runenberg-Denkmal beherrschen an der Südlichen Esplanade Banken, ein Ministerium und etwas nüchternere Geschäftshäuser das Bild. Eines davon (Nr. 14) beherbergt in seiner obersten Etage mit dem Restaurant **Savoy** **2** eine der bekanntesten Gourmetadressen des Landes. Berühmt ist das Lokal wegen des herrlichen Ausblicks auf die Stadt und seiner elegant-schlichten Einrichtung, die 1937 bis ins Detail von Alvar Aalto gestaltet wurde (► auch S. 82).

Havis Amanda entsteigt dem Meer, nackt, einen letzten verzückten Blick auf die Wellen richtend. Das muntere Treiben um sie herum scheint sie nicht zu stören. Als die bronzene Meerjungfrau aufgestellt wurde, waren viele Helsinkier zunächst nicht begeistert – präsentiert sie doch der Stadt ihr blankes Hinterteil. Heute hat man die Dame mit den Spitznamen ›Manta‹ dann doch sehr lieb gewonnen. Seit den 1920ern steht die Brunnenmaid im Mittelpunkt der Feiern am Vorabend zum 1. Mai, an dem die Finnen mit dem Feiertag Vappu den Frühling willkommen heißen. Vor fast hundert Jahren krönten einige Studenten ihr lockiges Haupt mit einer der typischen Studentenmützen und der Streich wurde zur Tradition. Sie nimmt allerdings nicht an der Zeremonie teil, ohne vorher von den Studenten gründlich gebadet worden zu sein.

Vorhang auf

Der westliche Abschnitt der Flaniermeile, Teatteriesplanadi, trägt seinen Namen nach dem **Schwedischen Theater** ✳ (Svenska Teatern), mit dem die Esplanade ihren Abschluss zur Mannerheimintie findet. Schon 1827 stand hier ein erstes, aus Holz gebautes schwedisches Theater, gut 45 Jahre bevor die finnischsprachige Mehrheit

INFOS/ÖFFNUNGSZEITEN

Hotel Kämp ❶: Pohjoisesplanadi 29, T 09 57 61 11, www.hotelkamp.com. Genauso hochpreisig wie die Zimmer und Suiten sind auch das Restaurant und die Bar, im Sommer auch draußen, ideal für einen Kaffee oder einen Drink mit Blick auf die Esplanade.

KULINARISCHES FÜR ZWISCHENDURCH

An der Esplanade prunkt das Holzschlösschen **Kappeli** ❶ mit Historie, Ambiente und durchweg teuren, aber auch sehr guten Gerichten (Eteläesplanadi 1, T 010 766 38 80, https://www.raflaamo.fi/en/helsinki/kappeli, tgl. 10–23, Fr/Sa bis 24 Uhr, Hauptgerichte 25–45 €).
Savoy ❷: ▶ S. 82

Im Obergeschoss der Akademischen Buchhandlung gibt es im durchgestylten **Café Aalto** ❸ Frühstück, Salate, Sandwiches und Getränke – gut geeignet für eine entspannte Pause (Pohjoisesplanadi 39, T 09 121 44 46, www.cafeaalto.fi, Mo–Fr 9–20, Sa 9–18, So 11–18 Uhr). Nebenan ist das **Café Esplanad** ❹ bekannt für seine riesengroßen Zimtschnecken (*korvapuusti*) und Meringues/Baisers (Pohjoisesplanadi 37, T 09 66 54 96, www.esplanad.fi, Mo–Fr 8–21, Sa 9–21, So 10–21 Uhr). Im Jugendsali ❷ offeriert **Robert's Coffee Jugend** Frühstücks- und Lunchbüfetts, Kaffee, Backwaren und Eis (Pohjoisesplanadi 19, T 050 305 47 54, https://robertscoffee.com/en/cafe/roberts-coffee-jugend, Mo–Fr 10–19, Sa 11–19, So 12–18 Uhr).

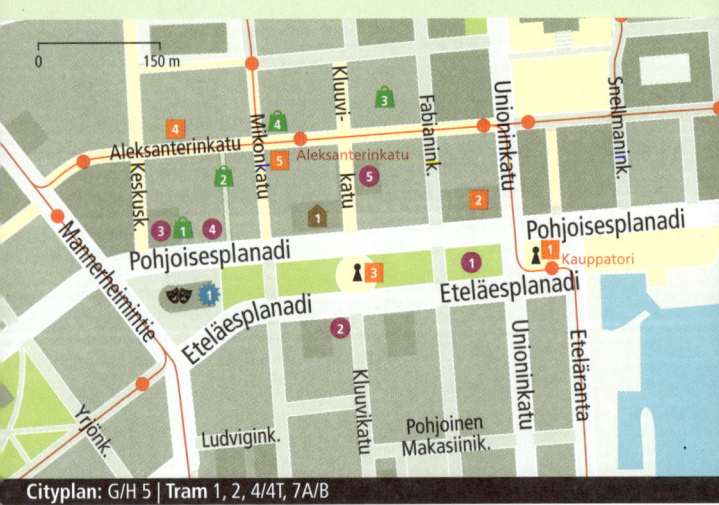

Cityplan: G/H 5 | **Tram** 1, 2, 4/4T, 7A/B

eine professionelle Bühne bekam. Das derzeitige Gebäude wirkt mit seinem hellen, schmucklosen Äußeren ziemlich schlicht, sodass sich Besucher überrascht zeigen, wenn sie innen die verschwenderische, von Rot und Gold dominierte Ausstattung erleben.

Nördlich des Theaters, an der Ecke zur Keskuskatu, zieht es Literatur- und Architekturliebhaber zur **Akademischen Buchhandlung** 🛈 (Akateeminen Kirjakauppa, ▸ S. 99), eine der größten und schönsten Buchhandlungen Europas. Sie wurde bis ins kleinste Detail von Alvar Aalto (1898–1976) entworfen und 1969 eröffnet. Zum mehrsprachigen Angebot zählen Fachbücher, Belletristik, Postkarten, Magazine und Landkarten.

Ich kaufe, also bin ich

Sicher gibt es gute Gründe, die Esplanade auch für den Rückweg zu nutzen. Wer aber einen moderneren, großstädtischen Kontrapunkt zur charmanten Esplanade kennenlernen möchte, für den empfiehlt sich ein Bummel über die nördliche Parallelstraße Aleksanterinkatu, die über weite Strecken nur von Fußgängern und der Tram genutzt werden darf. Sie erreichen sie über die Mannerheimintie oder über eine der vielen Querverbindungen – z. B. die Fußgängerzone Mikonkatu oder die Fabianinkatu.

Auch wenn Sie auf der Alexanderstraße vielleicht die Exklusivität der Esplanade oder des Design-Distrikts (▸ S. 44) vermissen, sind doch auch hier dem Shoppen keine Grenzen gesetzt, vor allem wenn Sie an Schuhen, Kleidung und Schmuck interessiert sind. Zu den Highlights auf der Aleksanterinkatu gehören Helsinkis **World TradeCenter** 4, untergebracht in einem Bankgebäude von 1921, die alte Geschäftsgasse **Wanha kauppakuja** 2, das **Pohjola-Haus** 5 der Architekten Lindgren, Gesellius und Saarinen und schließlich die Einkaufszentren **Kluuvi** 3 und **Aleksi 13** 4 (▸ S. 100). Bei schönem Wetter macht es Spaß, dieses Shopping-Paradies mit seinen außergewöhnlich gestalteten Schaufenstern und Straßenmusikanten zu erkunden. Da sich die mehrgeschossigen Malls unter Straßenniveau fortsetzen, ist aber auch bei Regenwetter mittels Tunnel und Passagen Kaufhaus-Hopping trockenen Fußes möglich – bis hin zum Bahnhof.

S *süss*

Das von dem gebürtigen Schweizer Eduard Fazer auf der Helsinkier Kluuvikatu eröffnete **Fazer Café** 5 (▸ S. 91) galt schon früh als das beste der Hauptstadt. Inzwischen hat sich das Familienunternehmen Fazer zu einem Süßigkeitenkonzern gemausert – die Marke ist heute in ganz Skandinavien, in den baltischen Ländern, Polen, Russland und Großbritannien bekannt. Die mit Abstand beliebteste Tafelschokolade ist die Sorte **Fazerin Sininen** (oder auch Fazer's Blue), benannt nach der blauen Verpackung. Karls Sohn Sven Fazer soll das geheime Schweizer Originalrezept 1922 aus Dank für die Fürsorge um einen kranken Jungen erhalten haben – ein gutes Mitbringsel für süße Erinnerungen an Helsinki!

Ein Kopfbahnhof als Mittelpunkt – **Rautatieasema**

Der Bahnhof von Helsinki ist ein architektonisches Juwel – umgeben von Museen, Bühnen, der neuen Universitätsbibliothek und ersten Adressen der Hotellerie, die für das echte städtische Flair sorgen. Helsinki wäre jedoch nicht Helsinki, wenn es nahe dem quirligen Treiben nicht auch Oasen der Ruhe gäbe. Erholsame Natur gibt es z. B. im Kaisaniemi-Park.

Nicht nur ein Hort des Wissens, sondern auch ein bauliches Kunstwerk: Der erste Blick beim Betreten der Universitätsbibliothek geht stets nach oben.

Der monumentale, an drei Seiten von Plätzen umgebene **Hauptbahnhof** **1** (Rautatieasema, schwed.: Centralstation) gilt zu Recht als eines der markantesten Bauwerke Helsinkis. 1904 gewann der Architekt Eliel Saarinen den ersten Preis eines Wettbewerbs mit seinem Entwurf, der bis 1916 realisiert wurde und bald als Vorbild für andere Kopfbahnhöfe in Europa diente. Es lohnt sich, den Granitbau durch das von mächtigen Fackelträgern flankierte Hauptportal zu betreten – nicht nur, um die Raumwirkung der klar gegliederten Hallen aufzunehmen, sondern auch, um bei einer Stippvisite in der **Touristeninformation** Prospekte und Information zu erhalten. Hinter den historischen Gebäuden überspannt eine luftige Glaskonstruktion die Bahnsteige. Auf dem Fahrplan stehen Züge nach St. Petersburg und Moskau, und ein Blick auf die Gleise mit ihrer doppelten Spurbreite zeigt, dass man sich hier wirklich zwischen Ost und West bewegt.

Grimmig schauen sie drein, die beiden Granitriesen, die den Hauptbahnhof flankieren. Die steinharten Muskeln dienen jedoch nur einem Zweck: die Leuchtkugeln zu halten, die den Bahnhof erhellen.

Im Westen: Turbulenzen

Auf dem Platz westlich des Bahnhofs geht es immer ziemlich turbulent zu, da hier viele Reisende zwischen Bahnhof, Busbahnhof und Metrostation pendeln. Über das geschäftige Treiben führt der Blick hinüber zu Restaurants, Hotels, dem Helsingin-Sanomat-Verlagshaus und dem hohen **Hauptpostamt** 2 (Postitalo) in einem nüchternen Backsteingebäude von 1938.

Im Süden: Kunst ohne Grenzen

Südlich der Kaivokatu wird der Platz von meist grauen, hohen Granitgebäuden flankiert, hinter deren Fassaden Büros, Businesscenter und ein Parkhaus versteckt sind. Oder auch Hotels wie das **Seurahuone** 1 (▶ S. 88), das es an dieser Stelle seit 1913 gibt. Riskieren Sie vom Bürgersteig aus den Blick in das Hotelrestaurant, vor allem bei abendlicher Beleuchtung – ein prachtvoller ausgestalteter Speisesaal ist in der Hauptstadt kaum zu finden.

Weiter östlich, aber ebenfalls auf der Südseite zieht die **Finnische Nationalgalerie Ateneum** 3 (Ateneumin taidemuseo) die Blicke auf sich. Das vor einigen Jahren restaurierte, palastartige Haus von 1887 zeigt schon durch die Büsten von Bramante, Phidias und Raffael, dass es sich ganz der Kunst gewidmet hat. In dem auch innen eindrucksvollen Gebäude ist die größte Kunstsammlung des Landes beheimatet, insbesondere mit finnischen Werken ab 1700. Ein Schwerpunkt ist das sogenannte Goldene Zeitalter mit programmatischen und bekannten Kunstwerken

Touristeninformation im Hauptbahnhof 1: Kaivokatu 1, T 09 31 01 33 00, www.myhelsinki.fi, Juni–Aug. Mo–Sa 9–18, So 9–16 Uhr, sonst Mo–Fr 9.30–17.30, Sa/So 10–16 Uhr

Ateneum 3: Kaivokatu 2, T 0294 50 04 01, www.ateneum.fi, Metro: Rautatientori, Di, Fr 10–18, Mi/Do 10–20, Sa/So 10–17 Uhr, 17/15 € (unter 18 Jahren frei)

Universitätsbibliothek 5: Fabianinkatu 30, T 02941 239 20, www.helsinki. fi/en/helsinki-university-library, Mo–Fr 8–20, teilw. Sa 11–17 Uhr

Botanischer Garten 7: Kaisaniemenranta 2, Metro: Helsingin yliopisto, Garten tgl. 9–20, Eintritt frei; Gewächshäuser Di–Sa 10–17, Do bis 18, So 10–16 Uhr, 10 €, Kinder 7–17 Jahre 5 €

Makkaratalo ⓘ: Kaivokatu 8, www. citycenter.fi, Mo–Sa 5.30–23.30, So 6.30–23.30 Uhr, Shops mind. Mo–Fr 10–20, Sa bis 19, So 12–18 Uhr

›Um die Wurst‹ geht es nicht nur im Makkaratalo ⓘ, sie ist auch die Spezialität des Hauses im **Vltava** 1. In dem alten Jugendstilgebäude auf der Westseite des Bahnhofs bekommen Sie auf mehreren Etagen herzhafte tschechische Gerichte und Biere bis spät in die Nacht (Elielinaukio 2, T 010 766 36 50, So/Mo 11–24, Di–Do bis 3, Fr/Sa 10–4.30 Uhr).

Im **Café Roasberg** 2, wenige Schritte vom Bahnhof und Ateneum entfernt, sitzt man bei einer Tasse Kaffee hinter großen Fensterscheiben und guckt dem Treiben draußen zu (Mikonkatu 13, T 045 649 60 80, www.roasberg.fi, Mo–Do 8–22, Fr 8–24, Sa 10–24, So 10–22 Uhr).

Cityplan: G/H 4/5 | **Tram** 3, 5, 6/6T, 7, 9, **Metro** Rautatientori, Helsingin Yliopisto

von Akseli Gallen-Kallela und anderen. Auch der Bestand ausländischer Werke verschiedener Epochen, darunter Gemälde von Vincent van Gogh und Paul Gauguin, ist beachtlich.

Im Osten: Großstadt-Tendenzen

Östlich des Bahnhofs öffnet sich die weite Freifläche des **Bahnhofsplatzes** 4 (Rautatientori), der so etwas wie Helsinkis Piccadilly Circus ist, natürlich in bescheideneren Dimensionen. Aber wenn irgendwo von brodelndem Verkehr, großstädtischem Flair und irritierenden Lichtreklamen zu sprechen wäre, dann hier. Den Bahnhof im Rücken, schaut man auf eine hohe Reihe von

Hotels, Banken, Pubs und Zeitungsverlagen, auch das Grand Casino macht mit greller Reklame auf sich aufmerksam. Der Platz selbst ist so riesig, dass auf ihm diverse Bussteige, Parkplätze und Pavillons bequem Platz haben, auch eine Eislaufbahn wird im Winter aufgebaut.

Auf dem Platz erinnert das bronzene **Aleksis-Kivi-Denkmal** von Aaltonen (1939) an den finnischen Nationaldichter. Direkt dahinter steht das 1902 erbaute und gleich mit vier Bühnen ausgestattete **Finnische Nationaltheater** ✺ (Suomen kansallisteatteri, ▶ S. 108) im nationalromantischen Stil. Wer das Innere betritt, entdeckt im Foyer schöne Fresken.

Östlich des Bahnhofsplatzes, jenseits der Kaisaniemenkatu, ist an der Fabianinkatu seit 2012 die neue **Universitätsbibliothek** 5 (Helsingin yliopiston kirjasto), kurz Kaisa-Haus genannt, ein Magnet für Studenten, Leseratten und Architekturfans (▶ S. 82).

Im Norden: Faulenzen

Einen Block weiter nördlich ist im **Kaisaniemi-Park** 6 (Kaisaniemen puisto) vom urbanen Leben kaum noch etwas zu spüren. Obwohl der älteste Park der Stadt nur einen Steinwurf vom Bahnhof entfernt gelegen ist, offeriert er statt Hektik erholsame Spaziergänge, statt Ampeln und Reklame das Grün der Bäume und das Blau des Sees. Teil des Parks ist der schöne und ganzjährig zugängliche **Botanische Garten** 7 der Universität (Kaisaniemen kasvitieteellinen puutarha). Er wurde in den 1830er-Jahren angelegt und hat auch Gewächshäuser mit tropischen Pflanzen.

→ **UM DIE ECKE**

Es geht um die Wurst

Das **Makkaratalo** 🛈 (›Wursthaus‹) wird nicht etwa so bezeichnet, weil es dort Würstchen zu kaufen gäbe. Das City-Center, ein Büro- und Shoppingzentrum direkt gegenüber dem Bahnhof, 1967 fertiggestellt, wurde bereits mehrere Male zum hässlichsten Gebäude Helsinkis gewählt. Seinen Namen verdankt es dem ›wurstförmigen‹ Geländer, das den höher gelegenen Parkplatz im zweiten Stock umgibt.

ÜBRIGENS

Bertholt Brecht erwähnt die **Aleksis-Kivi-Statue** in seinen Flüchtlingsgesprächen: »Der Bildhauer hat Humor, er hat ihm [Aleksis Kivi] einen träumerischen Ausdruck verliehen, als ob er von einer herrenlosen Brotkruste träumte.« In der Tat verstarb Aleksis Kivi 1870 in Armut.

Bei Events wie dem Konzert der Sängerin Chisu wandelt sich der Kaisaniemi-Park von grün und still in bunt und turbulent.

Am Puls der Großstadt – **Mannerheimintie**

Fast scheint es, als wollten die Finnen auf der Mannerheimstraße Metropole spielen, mit Verkehrslärm, Fußgängergedränge, Kaufhäusern und allem, was so dazugehört! Nirgendwo sonst wirkt Helsinki so großstädtisch wie auf den 500 Metern zwischen Schwedischem Theater und Reichstag!

Die Mannerheimintie ist die Hauptschlagader Helsinkis: vierspurig, verkehrsreich, laut, großstädtisch. Wer die Avenue in einer der vielen Tramlinien entlangfährt, sieht schon viele der Sehenswürdigkeiten der Hauptstadt: das Olympiastadion und die Nationaloper im Norden, den Glaspalast, das Schwedische Theater und die Esplanade im Süden. Die Mannerheimintie verbindet diese Punkte und Stadtteile, und sie trennt das Zentrum in einen westlichen und einen östlichen Teil.

Shoppen, Schauen oder Schmausen

Bei einem Bummel, der das Schwedische Theater am Ende der Esplanade zum Ausgangspunkt nimmt, lassen Shopping-Enthusiasten natürlich

Nicht nur für Leseratten – die Zentralbibliothek Oodi ist ein Ort für jedermann.

nicht das Kaufhaus **Stockmann** rechts liegen (▶ S. 99). An der Ecke zur Aleksanterinkatu sieht man drei hämmernde Herren, die geradewegs aus der Sauna zu kommen scheinen und eines der am häufigsten fotografierten Motive Helsinkis liefern. Gemeint ist das 1932 errichtete Denkmal **Die drei Schmiede** 1 (Kolme seppää). Der kleine Platz, einer der beliebtesten Treffpunkte Helsinkis, wird überragt vom 1870 vollendeten **Alten Studentenhaus** 2 (Vanha Ylioppilastalo), dessen üppige Fassade zu den beeindruckendsten der Hauptstadt zählt.

Deutliche architektonische Kontraste zum überbordenden Dekor des Studentenhauses warten nur wenige Schritte weiter: Hier fallen das klassisch-elegante **Sokos Hotel Vaakuna** mit seiner abgerundeten Fassade, 1952 für die Olympischen Sommerspiele gebaut, und ihm gegenüber auf der anderen Straßenseite der **Lasipalatsi** (▶ S. 41) ins Auge. Der niedrige weiße, mit großen Fensterflächen bestückte ›Glaspalast‹ flankiert über eine recht lange Wegstrecke die Mannerheimintie.

Kunst im Rücken, Politik vor der Nase

Schräg gegenüber blickt Marschall Mannerheim selbst hoch zu Ross über ›seine‹ Straße. Das große **Reiterdenkmal** wurde von Aimo Tukiainen geschaffen und 1960 in Sichtweite zum Reichstag eingeweiht.

Hinter dem Bronzerücken des Marschalls setzt **Kiasma** 3, das Museum für Gegenwartskunst, einen beeindruckenden städtebaulichen Akzent. Es liegt an exponierter und sehr zentraler Stelle und behauptet sich mit seiner kühnen, teils geschwungenen Fassade gekonnt gegen die dahinter aufragende Glas- und Stahlkonstruktion des Verlagshauses Helsingin Sanomat. Das 1998 eingeweihte Museum ist ein Werk des amerikanischen Stararchitekten Steven Holl – zum ersten Mal nach Engel zeichnete hier kein finnischer Architekt für ein repräsentatives Bauwerk in der Stadt verantwortlich. Im Kiasma gibt es außer den Ausstellungsräumen u. a. ein Theater, Galerien, ein Café und ein Restaurant.

Geboten wird internationale Kunst ab den 1960ern, insbesondere Installationen und Medienkunst. Die Innenräume mit ihren großen Glasflächen schließen die Stadt und ihre Bewohner nicht

Ü
ÜBRIGENS

Sobald ein über siebzehnjähriges Mädchen vorbeikomme, das noch Jungfrau sei, würden **Die drei Schmiede** mit ihren Hämmern auf den Sockel schlagen – diese Behauptung legt zumindest Arto Paasilinna seiner Romanfigur Hinnermäki in »Im Jenseits ist die Hölle los« in den Mund. Bis zum heutigen Tag sind die Hämmer unbenutzt geblieben …

Kunst kommt von Können? Dann betrifft das auch die Skateboarder vor dem Kiasma-Kunstmuseum!

Klar, die Finnen essen ihn gerne, aber warum steht vor dem **Musik-Haus** ausgerechnet ein riesiger Fisch? Die monumentale, fast 13 m hohe Installation **Laulupuut** (›Lied-Bäume‹) von Reijo Hukkanen wurde 2012 hier aufgestellt. Neben dem gigantischen Hechtkopf fallen besonders die Klavierdeckel als Teil der Skulptur auf. Zum einen ließ sich der Künstler von dem Gedicht »Hauen laulu« (»Lied eines Hechtes«) von Aaro Hellaakoski inspirieren, vor allem aber verweist die Skulptur auf das finnische Nationalinstrument: Die erste Kantele, eine griffbrettlose Kastenzither, wird nämlich im finnischen Nationalepos Kalevala vom Zauberer Väinämöinen aus dem Kieferknochen eines riesigen Hechtes gefertigt. Es geht also doch nicht bloß ums Essen …

aus, auch in Diskussionsrunden wird Öffentlichkeit hergestellt. Kiasma lebt – mitten im Großstadtverkehr. Vor allem an lauen Abenden spielt sich hier viel ab – an jedem Wochenende feiern z. B. Jugendliche Partys auf dem Grünstreifen und am Seeufer.

Auf der anderen Straßenseite sieht man die neoklassizistische Säulenfront des **Reichstags** 4 (Eduskuntatalo). Flankiert wird der 1931 eingeweihte Granitkoloss, der auch ein Symbol der finnischen Unabhängigkeit ist, von Denkmälern finnischer Präsidenten. Wie das Äußere ist das Innere geprägt von neoklassizistischer Strenge; die wichtigsten Säle und Räume können auf einer Führung besichtigt werden. 2004 wurde der Reichstag durch zwei verglaste Nebengebäude ergänzt, 2015–17 wurde der Komplex saniert. Im Besucherzentrum auf der linken Seite (Arkadiankatu 3) gibt es Informationen zum Parlament und der EU (Mo–Fr 10–16 Uhr).

Ganz Ohr und Auge sein

Dem Reichstag gegenüber wurde Mitte 2011 das **Musik-Haus** ✹ (Helsingin musiikkitalo), ein 140-Millionen-Euro-Projekt, eingeweiht. Diese Konzerthalle ist einer der letzten Mosaiksteine, die das Bild des neuen, um die Töölö-Bucht gruppierten Zentrums komplettieren. Das Haus mit einer Fläche von 36 000 m² ist durch geometrische Grünflächen und Wasserläufe optisch mit dem Reichstag, dem Kiasma und dem Sanomat-Verlagshaus verbunden. Zum Wasser hin nimmt es die Fluchtlinie der nahen Finlandia-Halle (▶ S. 54) auf, hebt sich aber durch die dunkle Farbgebung vom berühmten Nachbarn ab. Seine Hausherren sind das Philharmonische Orchester der Stadt, das Symphonieorchester des finnischen Rundfunks und die Sibelius-Akademie.

Gleich dahinter auf dem Platz Kansalaistori fügt sich die neue **Zentralbibliothek Oodi** 5 in die illustre Gruppe aus architektonischen Meisterwerken der Kunst und Kultur um sie herum ein. Doch das Ende 2018 eröffnete Gebilde aus Glas, Stahl und Holz ist weit mehr als eine ›Ode‹ an das geschriebene Wort – tatsächlich wird nur ein Drittel der Fläche für Bücher genutzt. Mit Konferenzräumen, Tonstudios, Kino, Café, Dachterrasse sowie Computern, Spielkonsolen, Nähmaschinen und vielem mehr soll sie zugleich Arbeitsplatz und Wohnzimmer für alle sein.

Zum Norden hin rahmen die Bäume eines verschwiegenen Parks die elegante **Villa Hakasalmi** 6 (Hakasalmen huvila) aus den 1840ern, die als altertümliches Relikt zwischen Musik-Haus und Finlandia-Halle interessante Ausstellungen präsentiert.

Von ganz anderem Kaliber ist das **Finnische Nationalmuseum** 7 (Kansallismuseo) auf der anderen Seite der Mannerheimintie. Schon das 1916 eingeweihte Gebäude, ein Hauptwerk der finnischen Nationalromantik, ist sehenswert, vor allem der zentrale Kuppelsaal, der im Innern von Akseli Gallen-Kallela mit Fresken ausgeschmückt wurde. Die Motive entstammen dem Nationalepos »Kalevala«.

Ob Kiasma oder Nationalmuseum – hier können Sie Kunst- und Kulturschätze im wahrsten Sinne des Wortes ›begreifen‹.

INFOS/ÖFFNUNGSZEITEN

Sokos Hotel Vaakuna 1: Asema-aukio 2, T 020 123 46 10, www.sokoshotels.fi, DZ 150–300 €
Kiasma 3: Mannerheiminaukio 2, www.kiasma.fi, Di–Fr 10–20.30, Sa 10–18, So 10–17 Uhr, 15/13 €, unter 18 Jahren frei, erster Fr im Monat frei
Zentralbibliothek Oodi 5: Töölönlahdenkatu 4, www.oodihelsinki.fi, Mo–Fr 8–22, Sa/So 10–20 Uhr, freier Eintritt
Villa Hakasalmi 6: Mannerheimintie 13, www.hakasalmivilla.fi, Di–So 11–17, Do bis 19 Uhr, 12/10 €, unter 18 Jahren frei
Finnisches Nationalmuseum 7: Mannerheimintie 34, www.kansallismuseo.fi, Di–So 11–18, Mi bis 20, Mai–Aug. auch Mo 10–18 Uhr, 14/10 €, Fr 16–18 Uhr und unter 18 J. freier Eintritt
Musik-Haus ✹: Mannerheimintie 13, www.musiikkitalo.fi, T 020 707 04 00, Mo–Fr 8–22, Sa 10–22, So 10–20 Uhr, freier Eintritt

KULINARISCHES FÜR ZWISCHENDURCH

Auf Designermöbeln und in aussichtsreicher Lage (im Sommer draußen) sitzt man im **Café Kiasma** 1 im Erdgeschoss des Museums. Neben Getränken gibt es an der Selfservice-Theke süße Leckereien und täglich wechselnde Mittagsgerichte, sowie ein Salatbüfett. Auch im Selbstbedienungscafé (Mo–Fr 9–18, Sa 10–17, So 12–17 Uhr), oder dem Terrassen-Restaurant (geöffnet je nach Wetter) des **Musiikkitalo** ✹ gibt's Snacks, Salate und Gegrilltes.

Unter die Erde und hoch hinaus – **im Kamppi**

Westlich der Mannerheimintie geht es hinunter zu den Wurzeln der Stadt und hinauf zum besten Aussichtspunkt: Neben der gleichnamigen Pilgerstätte für Shopping-Begeisterte gehören ein unterirdisches Kunstmuseum und eine Sauna im Jugendstilbad zu den Highlights des Viertels.

Was guckst du so? Die riesigen Bullaugen hinter dem Glaspalast lassen eine unterirdische Welt erahnen. Dort unten eröffnet moderne Kunst neue Blickwinkel.

Eigentlich bezeichnet **Kamppi** 1 ein ausgedehntes Stadtviertel, das sich zwischen Mannerheimintie und Mechelininkatu erstreckt. Im engeren Sinn ist es ein 2006 fertiggestellter multifunktionaler Komplex, der einen ganzen Block einnimmt. Auf sechs Etagen beherbergt das Kamppi eines der größten **Einkaufszentren Finnlands** (▶ S. 100). Unter der Erdoberfläche verbergen sich auf zwei Geschossen die wohl modernsten unterirdischen Busbahnhöfe Europas für den Verkehr zur Nachbarstadt Espoo und den Fernverkehr. Die Wartehallen sind durch Glastüren von der Tiefgarage abgetrennt, in der die Busse abfahren.

Abtauchen oder oben bleiben?

Gleich daneben befindet sich mit der **Kamppi** die tiefste Metrostation ganz Helsinkis. Schon die Fahrt mit der Rolltreppe gut 30 m steil in die Tiefe ist ein Erlebnis. Im Inneren der Metrostation fallen dem Besucher sieben kristallartige Formationen an der höhlenartigen Decke auf, die sich bei näherem Hinsehen als insgesamt 735 Aluminiumschilder entpuppen, die quer durch den Erdboden zeigen: Das Kunstwerk »Wurzeln der Stadt« von Otto Karvonen, passenderweise an einem der zentralen Verkehrsknotenpunkte angebracht, verweist auf die Herkunftsorte der Helsinki-Bewohner und zugleich auf die Internationalität der multikulturellen Stadt.

Weiter geht es durch unterirdische Passagen zum ausladenden **Shoppingcenter Forum** (▶ S. 100), auch das **Stockmann** ist bei schlechtem Wetter über Verbindungen unter der Erdoberfläche zu erreichen.

Wer stattdessen die ›oberirdische‹ Variante wählt, trifft direkt vor dem Kamppi auf die 2012 eingeweihte **Kapelle der Stille** **2** (Kampin kappeli) auf dem Narinkka-Platz, deren markante Architektur einen Kontrapunkt zum bunten Großstadttrubel des Shoppingcenters präsentiert. Wer den ovalen Bau aus Holz betritt, erlebt einen puristischen Raum mit magischer Anziehungskraft, der das geschäftige Treiben ringsherum vollständig ausblendet.

Kunst, die unter die Oberfläche geht

Der benachbarte Lasipalatsi-Platz wurde nach dem ›Glaspalast‹ benannt, der ihn flankiert: Ursprünglich nur als Provisorium gedacht, gilt der 1930er-Jahre-Bau der Architekten Revell, Kokko und Riihimäki heute als eines der besten Beispiele für den funktionalistischen Stil. Seit 2018 beherbergt er neben einem Restaurant, einem Café und dem Kino Bio Rex das neue **Amos Rex** **3**, als Nachfolger des Amos-Anderson-Museums das größte private Kunstmuseum Finnlands. Die Ausstellungen sollen zeitgenössische Kunst in ihrer ganzen Bandbreite darstellen. Auch hier ist wieder nur die Spitze des Eisberges sichtbar: Das Herz des neuen Museums, eine 2000 m² große, hochmoderne Ausstellungshalle, verbirgt sich unterhalb der maulwurfshügelartigen Stahlbetonkuppeln des Platzes.

U
UNTER-GRUND

Helsinki wächst – nach unten! Als erste Stadt der Welt hat man hier einen Masterplan zur Nutzung des Untergrundes entworfen. Insgesamt wurden bereits unglaubliche 9 Mio. m³ mit über 400 verschiedenen Einrichtungen erschlossen, der tiefste Punkt der Unterwelt liegt dabei 100 m unter dem Meeresniveau. Denn: Wer in Helsinki gräbt, beißt im wörtlichen Sinne auf Granit. Nur das extrem tragfähige Gestein ermöglicht die kilometerlangen Tunnel für Park- und Lagerraum, Energieanlagen, Archive oder den Lieferverkehr. Unter der City erstreckt sich eine wahre Schattenstadt mit Shoppingmeilen, Kinos, Eishockeyhalle, Schwimmbad, Kunstmuseum und sogar einer Kirche. Auch neue Bahnstrecken sind geplant, und in Zukunft sollen hier sogar Fahrräder fahren. Das ist nicht nur platz- und energiesparend, es erhält der Stadt auch ihr schönes Gesicht und bietet im Ernstfall Schutz – als Bunker!

Kapelle der Stille 2: Simonkatu 7, www.kampinkappeli.fi, Mo–Fr 8–20, Sa/So 10–18 Uhr

Amos Rex 3: Mannerheimintie 22–24, https://amosrex.fi, Mo, Fr 11–18, Mi–Do 11–20, Sa–So 11–17 Uhr, 15/12 €, Studenten/unter 30 Jahre 5 €, unter 18 Jahre frei.

Ateljee Bar ☀: im Sokos Hotel Torni, Yrjönkatu 26, T 010 784 20 80, www.raflaamo.fi/en/helsinki/ateljee-bar, bis 2021 wegen Renovierung geschl.

Yrjönkatu-Hallenbad 1: Yrjönkatu 21b, Sept.–Mai, Frauen Mo 12–20, Mi, Fr 6.30–20, So 11–20, Männer Di, Do 6.30–20, Sa 7–20 Uhr, 5,50 €, Kinder 2,50 €, eigene Kabine im OG 16 €

KULINARISCHES FÜR ZWISCHENDURCH

Im Viertel empfehlen wir Ihnen diese Cafés: **Café Ekberg** 1 (Bulevardi 9, T 09 681 18 60, www.ekberg.fi, Mo–Fr 7.30–19, Sa/So 9–17 Uhr, Frühstücksbüfett Mo–Fr 7.30–10.30, Sa/So 9–14 Uhr; **Café Charlotta** 2, u.a. mit veganen Kuchen (Runeberginkatu 5, Mo–Fr 7–20, Sa 10–18 Uhr), **Robert's Coffee** 3 (Ebene E im Einkaufszentrum, www.kaakaopuu.fi) mit belgischer Schokolade und **Konstan Möljä** 4 (Hietalahdenkatu 14, www.konstanmolja.fi) mit traditionellen finnischen Gerichten (▶ S. 95).

Mutter aller skandinavischen Bäder

Die Kapelle der Stille wurde ganz bewusst als Kontrast zum lebhaften Kamppi und ohne Fenster gestaltet.

Hinter der Kapelle der Stille und dem Forum führt die Yrjönkatu in einer S-Kurve am schwedischsprachigen Kleinen Theater vorbei zum **Yrjönkatu-Hallenbad** 1 (Yrjönkadun uimahalli). Beeindruckend an der 1928 fertiggestellten, klassizistischen Badeanstalt ist das im Stil römischer Thermen gestaltete Innere. Im Untergeschoss steigen Sie direkt in den 25 m-Pool – und tauchen zugleich in den Luxus der goldenen Zwanziger ein. Neben den zwei Elektrosaunen im Untergeschoss finden Gäste des teureren Obergeschosses dort neben einer großen, mit Holz geheizten Sauna und zwei weiteren Saunen auch private Umkleidekabinen mit Liegen. Auf dem Gang mit Blick aufs Wasser können Sie an kleinen Tischen relaxen oder sich von Kellnerinnen in Uniform Getränke oder Snacks bringen lassen. Bis

2001 waren die Badegäste ausschließlich nackt, seither ist auch das Tragen von Badebekleidung erlaubt, noch immer gibt es jedoch getrennte Öffnungszeiten für Frauen und Männer. Das Hallenbad ist nicht nur das älteste Helsinkis, sondern auch ganz Skandinaviens und war jahrzehntelang das einzige öffentliche Schwimmbad Finnlands.

Stilles Örtchen mit Ausblick

Eine fantastische Aussicht über die Skyline Helsinkis und die Ostsee bietet die Terrasse der **Ateljee Bar** ☀ im 14. Stock des historischen **Hotels Torni** (zu Deutsch: ›Turm‹), dem einzigen Architekturhochhaus der Stadt. Als das Hotel 1931 eröffnet wurde, war es mit seinen fast 70 m das höchste Gebäude Finnlands, bis 1987 das höchste Helsinkis. Derzeit wird das gesamte Hotel samt der Ateljee-Bar in der größten Sanierungsaktion seit seiner Eröffnung komplett erneuert – nur die Fassade bleibt in alter Pracht erhalten. Ab 2021 erstrahlt die Institution hoffentlich wieder in neuem Glanz, und Besucher werden den Abend bei einem (teuren) Cocktail hoch über den Dächern der Stadt ausklingen lassen oder zu später Stunde das Lichtermeer unter sich funkeln sehen können!

Prost! ›Kippis‹ sagt man dazu meist in Finnland oder gerne auch sinnfrei ›hölkyn kölkyn‹, wenn der Alkoholpegel bereits gestiegen ist.

Zeugen der Zeit

Zu Füßen des Torni und vor der Kulisse der hoch aufragenden Bebauung der Jahrhundertwende duckt sich die **Alte Kirche** 4 (Vanhakirkko) am Rande eines Parks. Das in hellen Farben gehaltene hölzerne Gotteshaus, das heute so klein und fast verloren wirkt, war nach seiner Einweihung 1826 die Hauptkirche der Stadt. Von Anfang an sollte es diese Rolle aber nur so lange behalten, bis der Dom am Senatsplatz fertiggestellt wurde.

Hinter der Kirche fällt der idyllische Park **Vanha kirkkopuisto** 5 sachte zum Bulevardi ab, eine grüne urbane Lunge mit schattigen Bäumen, Parkbänken, Monumenten und einigen Grabsteinen.

ÜBRIGENS

Die Grabsteine im **Vanha kirkkopuisto** sind die Überreste des einst einzigen offiziellen Friedhofs der Stadt, auf dem u. a. auch finnische und deutsche Soldaten des Bürgerkriegs beigesetzt wurden. 200 Jahre zuvor war der heutige Park als Pestfriedhof (Ruttopuisto) bekannt – nachdem hier 1710 während des Nordischen Krieges für etwa 1000 Seuchentote Massengräber angelegt worden waren.

→ **UM DIE ECKE**

Vom Torbogen an der Alten Kirche in westlicher Richtung ist es nicht weit zum **Café Ekberg** ❶, der ältesten Konditorei Helsinkis. Zwar gibt es auch hier täglich wechselnde Lunchmenüs, aber die Renner sind nach wie vor die frischen Torten und süßen Delikatessen.

Für die schönen Dinge des Lebens – **im Design-Distrikt**

Laufsteg für Designer, Trendsetter und Modeschöpfer, quirliger Szenetreff, angesagte Galerien, Restaurants, Cafés und viel Platz zum Shoppen – das ist der Design-Distrikt. Dieser gemütliche Stadtteil erstreckt sich über mehr als 20 Straßen und lockt zum entspannten Bummeln und Flanieren.

Design oder Nicht-Design, das ist hier die Frage. Die Antwort bekommen Sie beim Window-Shopping im Design-Distrikt.

Nach Sauna und Mücken ist Design wohl das dritte Klischee, das man mit Finnland in Verbindung bringt. Doch man sollte darüber nicht vergessen, dass finnisches Design, seine Schlichtheit und Funktionalität, sein stimmiger Gebrauch beschränkter Ressourcen spätestens seit den 1930er-Jahren Weltruf genießen. Helsinki bietet hier den Anlaufpunkt, um in die Welt des Interior & Industrial Design einzutauchen. Praktisch, dass fast alle bekannten Markennamen mit ei-

INFOS/ÖFFNUNGSZEITEN

Designmuseum 2: Korkeavuorenkatu 23, T 09 622 05 40, www.design museum.fi, tgl. 11–18, Sept.–Mai Di 11–20, Mi–So 11–18 Uhr, 12/10/6 €
Museum für finnische Architektur 3: Kasarmikatu 24, T 045 773 104 74, www.mfa.fi, Di–So 11–18, Mi bis 20 Uhr, 10/5 €, unter 18 Jahren frei, Eintritt frei am 1. Fr des Monats, Kombiticket für das Design-Museum 15 €

KULINARISCHES FÜR ZWISCHENDURCH

Untergebracht in einem alten Bankgebäude, ist das **Ravintola & Bar Grotesk 1** eine In-Lokalität an exponierter Stelle mit Cocktailbar, Terrasse und Restaurant mit amerikanischer Küche (Ludviginkatu 10, T 010 470 21 00, www.grotesk.fi, Restaurant und Terrasse Mi 17–3, Do 17–2, Fr 17–3, Sa 14–3 Uhr).

Cityplan: G 5/6 | **Tram** 1, 3, 6/6T, 10, **Bus** 24

ner Niederlassung oder Werkstatt in jenem Viertel vertreten sind, das aus diesem Grund den Beinamen Design-Distrikt trägt.

G GESTALTUNG

Kreativität im Überfluss

Ein guter Startpunkt für eine Erkundungstour durch den Design-Distrikt ist die Esplanade, Helsinkis ›Autobahn‹ mit integriertem Grüngürtel. Hier und in der näheren Umgebung findet man die Ikonen des finnischen Designs, wie **Iittala**, **Marimekko** (Mikonkatu 1), **Finlayson** und, am westlichen Ende der Pohjoisesplanadi (Nördliche Esplanade), mit **Artek** (▶ S. 102), ein Muss für Freunde der klassischen Designmoderne. Alvar Aalto (1898–1976) und andere junge finnische Designer gründeten die Firma 1935, um ihre Produkte besser vermarkten zu können.

Endlos entdecken

Vorbei am Schwedischen Theater gelangen Sie in südlicher Richtung zum tortenstückförmigen **Kolmikulma-Park 1** (Kolmikulma-puisto), der schon im Herzen des Trendviertels der Haupt-

Eine Übersicht über die interessantesten Läden und neuesten Entwicklungen des Distrikts gibt die Website www. designdistrict.fi. Wer nicht genug von finnischem Design bekommen kann, darf die **Helsinki Design Week** im September nicht verpassen: Das größte Designfestival der nordischen Länder inspiriert mit einem bunten Programm aus über 200 Events, die überall in der Stadt verstreut stattfinden. Näheres zum Festival und Aktuelles aus der Welt des Helsinkier Designs: www. helsinkidesignweek.com

Ein farbenfrohes Beispiel für echt finnisches Design im Alltag ist das Label Marimekko.

stadt liegt. Ab hier wird es ein wenig ruhiger – doch findet man zahlreiche Modeläden, Kunstgalerien, Design- und Antiquitätengeschäfte, darunter wichtige Namen des finnischen und internationalen Designs, die Klassiker der Moderne, aber auch aktuelle Trendsetter.

Westlich erstreckt sich der Distrikt zur Fredrikinkatu und darüber hinaus. Dort liegt Helsinkis älteste Fußgängerzone, die 2017 renovierte Iso Roobertinkatu, parallel dazu verlaufen die Uudenmaankatu und die breite Verkehrsachse des Bulevardi. In der Umgebung werden in kleinen, persönlichen Boutiquen vor allem Mode und Innendekoration verkauft – eine gute Adresse für einen entspannten Schaufensterbummel. Hier ist Entdeckergeist angesagt!

Design verstehen

Wer nicht nur dem Shoppen frönen, sondern auch den Wurzeln der Formgestaltung auf die Spur kommen möchte, sollte seinen Weg die Yrjönkatu hinunter zum nächsten Tortenstückplatz, dem Koulupuistikko, fortsetzen: Hier präsentiert das **Designmuseum** ② (Designmuseo) in seiner 2017 erneuerten Ausstellung die Geschichte des finnischen Designs von Nokia bis Angry Birds und dessen wesentliche Rolle bei der Entstehung des finnischen Wohlfahrtsstaates. Daneben gibt's Wechselausstellungen von Designern aus dem In- und Ausland sowie ein Café und einen Shop. Auf der Rückseite des Designmuseums (an der Kasarmikatu) bietet das **Finnische Architekturmuseum** ③ (▶ S. 81) ergänzende Einblicke in die Baukunst des Landes. Wer in diesem Stadtteil noch nicht genug gesehen hat, kann weiter außerhalb im Iittala & Arabia-Designzentrum (▶ S. 103) zwei Klassiker des finnischen Designs kennenlernen.

Neben Alvar Aalto und Ilmari Tapiovaara sollten Sie für Ihren Einkaufsbummel auch die Namen anderer **finnischer Designer** auf dem Schirm haben: Yrjö Kukkapuro (geb. 1933), der den Stuhlklassiker Ateljee entwarf, Tapio Wirkkala (1915–85), der für die Glasfirma Iittala arbeitete, Kaj Franck (1911–89), der u. a. Chefdesigner bei der Firma Arabia war, und Maija Isola (1927–2001), die u. a. das Muster »Unikko« für Marimekko entwarf.

Russland ganz nah –
die Katajanokka-Halbinsel

 # 8

Hoch überragt die backsteinrote Uspenski-Kathedrale das Viertel Katajanokka, das früher gerne als Kulisse für Thriller aus der Zeit des Kalten Krieges genommen wurde. Doch keine Angst: Statt düsterem Ostblock-Charme prägen hübsche Plätze, ansehnliche Gebäude, gute Restaurants und der stete Blick aufs Wasser die Halbinsel.

Als man in den 1840er-Jahren einen schmalen Kanal aushob, wurde aus der Halbinsel Katajanokka (schwed.: Skatudden) eigentlich eine Insel. Diese erreicht man vom Kauppatori aus am bequemsten über eine Fußgängerbrücke und überquert dabei eine unsichtbare Grenze: Auf der einen Seite befindet sich das kompakt bebaute neoklassizistische Stadtzentrum, auf der anderen liegt eine ruhige Wohnumgebung mit

Erfrischend anders: Baden im hohen Norden kann auch mal einen Sprung ins kalte Wasser bedeuten, aber mit der Uspenski-Kathedrale im Hintergrund lohnt sich der auf jeden Fall.

Cityplan: H–K 5/6 | **Tram** 4, 5

INFOS/ÖFFNUNGSZEITEN

Uspenski-Kathedrale 2: Kanavakatu 1, T 09 85 64 62 00, Di–Fr 9.30–16, Sa 10–15, So 12–15 Uhr

SkyWheel 1: Katajanokanlaituri 2, www.skywheel.fi, wechselnde Öffnungszeiten, in der Regel tgl. 11/12–17/18 Uhr, 15-minütige Fahrt 13/11 €, 3–11 Jahre 9,50 € (es gibt Rabatte für Gruppen)

Allas Sea Pool 2: Katajanokanlaituri 2, www.allasseapool.fi, Mo–Fr 6.30–21, Sa 9–21, So 9–20 Uhr, Eintritt für Pools

und Saunen 15/10 €, 2–12 Jahre 7,50 €

Flying Cinema 3: Katajanokanlaituri 2B, flyingcinematour.com, tgl. 11–18 Uhr, 12 €, 5–10 Jahre 10 € (Mindestalter 5 Jahre).

KULINARISCHES FÜR ZWISCHENDURCH

Nokka 1: Kanavaranta 7F, T 09 61 28 56 00, www.ravintolanokka.fi, Mi/ Do 17–23, Fr 17–24, Sa 17–24 Uhr, Hauptgericht 25–40 €

Uspenski-Kathedrale

einer interessanten Melange aus alten Zoll- und Packhäusern, Jugendstilgebäuden, neoklassizistischen Prunkbauten und neuerer Architektur. Deren wohl auffallendster Vertreter ist der von Alvar Aalto 1962 entworfene Hauptsitz des finnisch-schwedischen Forst- und Papierkonzerns **Stora Enso.** Das ›Zuckerstück‹ 1 genannte würfelförmige Gebäude aus weißem Carrara-Marmor gehört zu Aaltos umstrittensten Werken. Derzeit plant Stora Enso wenige Meter südöstlich am Katajanokanlaituri 4 einen neuen Hauptsitz – passenderweise aus Holz.

In südöstlicher Richtung liegt der **Katajanokka-Terminal,** von dem die großen Fähren nach Stockholm und Tallinn ablegen.

Wahrzeichen auf der Kuppe

Das alles überragende Gebäude der Halbinsel, das bereits vom Kauppatori und von vielen anderen Stellen der Hauptstadt zu sehen ist, ist die **Uspenski-Kathedrale** **2** (Uspenskin katedraali), immerhin die größte russisch-orthodoxe Kirche Nordeuropas. Ihre monumentale Wirkung wird noch gesteigert, weil sie ähnlich wie der Dom auf einer Granitkuppe steht. Die der ›entschlafenen Jungfrau Maria‹ geweihte Kathedrale entstand 1868 im altrussischen Stil. Außen ist sie mit rotem Backstein verkleidet, darüber sieht man rings um den Turmhelm mehrere vergoldete Laternen. Das Innere wird von bemalten Granitsäulen und einer prachtvoll vergoldeten Ikonostase beherrscht. Ein besonderes Erlebnis ist es, hier einem Gottesdienst nach orthodoxem Ritual beizuwohnen. Von der Terrasse hat man einen schönen Blick auf den Nordhafen und nach Westen auf das Zentrum sowie den darunter gelegenen Park, der 2014 zum 100. Geburtstag der Mumin-Schöpferin in **Tove Jansson-Park** umbenannt wurde. Die Künstlerin wohnte als Kind nicht weit entfernt in der Luotsinkatu.

Genuss am Wasser

Schöner ist es, wenn man von der erwähnten Terrasse zum idyllischen Viertel am Kai des Nordhafens hinabsteigt. Dort sieht man den roten Backstein mehrerer restaurierter **Hafenmagazine** **3** aus dem 19. Jh., vor denen nun die Fackeln edler Restaurants brennen. Das **Nokka** **1** über-

Cineasten aufgepasst! Als die Hollywood-Produzenten während des Kalten Krieges keine Drehgenehmigungen in der Sowjetunion bekamen, fanden sie auf Katajanokka für Spionage- und andere Filme die perfekten ›russischen‹ Drehorte: Hier ein paar Lenin-Bilder und die rote Fahne als Deko, dort kyrillische Inschriften oder russische Autos – voilà, schon agierten die Filmstars in Moskau oder Leningrad. Auf diese Art entstanden hier große Teile so bekannter Streifen wie »Brief an den Kreml«, »Telefon«, »Reds« und »Gorky Park«.

Als wär's ein Stück Russland: Orthodoxes in der Uspenski-Kathedrale

▶ INFO

Die **Tramlinie 4** ist besonders für Architektur-Interessierte als bequemes Verkehrsmittel zu empfehlen. Von ihrer südlichen Endhaltestelle, der Marinekaserne auf Katajanokka, führt sie an den Eisbrechern, Jugendstilgebäuden und der Uspenski-Kathedrale vorbei zum Senatsplatz, dann über die Mannerheimintie mit ihren repräsentaiven Bauten auf Seurasaari und zum Stadtteil Munkkiniemi. Dort können Sie u. a. das Aalto-Haus und das Aalto Studio leicht zu Fuß erreichen. Die Endstation der Tramlinie befindet sich am Hotel Kalastajatorppa.

zeugt mit einer Sommerterrasse und raffinierter Küche aus saisonalen finnischen Produkten. Durch die große Schiffsschraube am Eingang ist es kaum zu verfehlen.

Das Eis brechen

Den Weg am Nordufer entlang überragen Häuser der Jahrhundertwende von einer Klippe. Danach passiert man Bootsanleger mit viel maritimer Atmosphäre, bis einige mächtige Schiffe auftauchen. Die Kolosse mit sprechenden Namen wie »Voima« (Kraft) oder »Sisu« (Willensstärke) gehören zur **Flotte der finnischen Eisbrecher** 4, die hier am Nordufer ›übersommert‹, während sie in der kalten Jahreszeit die Schiffswege im Finnischen und Bottnischen Meerbusen frei hält.

Südlich der Eisbrecher thront das ehemalige Lazarett der **Marinekaserne** 5, rechts und links flankiert von großen Kasernen, die 1820 auf den blanken Fels gesetzt wurden. Bei den Unruhen und Revolutionen von 1906 und 1917 wurde hier blutige Geschichte geschrieben. Heute ist in den Gemäuern das Außenministerium untergebracht. An der Ostspitze der Insel lädt viel Grün mit Meerblick zu einem Spaziergang ein. Im Inselzentrum blickt auch das **Distriktgefängnis** auf eine bewegte Geschichte zurück – heute als **Hotel Katajanokka** 1 (▶ S. 88).

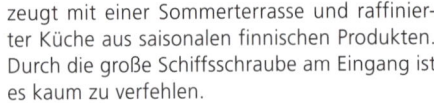

→ UM DIE ECKE

Urbane Spa-Landschaft

Am Rande des Marktes und unterhalb des Riesenrads **SkyWheel** 1, perfekter könnte die Location für den 2016 eröffneten **Allas Sea Pool** 2 nicht sein! Wo bislang eine schwarze Asphaltwüste Langeweile verbreitete, steht nun ein mehrstöckiger, z. T. schwimmender Komplex aus Holz mit Terrassen, Restaurants, Cafés, dem ›Ostseezentrum‹, einer Spa-Landschaft mit einem Salzwasser- und zwei beheizten Süßwasserpools und natürlich Saunen. Ganzjährig sollen hier Einheimische und Besucher baden oder die Pools im Winter nach dem Saunagang nutzen können. Gleich daneben nimmt **Flying Cinema** 3 seine Besucher mit auf einen virtuellen 4D-Flug zu den größten Sehenswürdigkeiten der Stadt oder ganz Finnlands.

Schöne Aussicht! Auf Wunsch im SkyWheel auch mit Sauna

Arbeiterquartier im Wandel – **zwischen Nordufer und Kallio**

 # 9

Eine elegante Uferstraße, eine Inselidylle mit Möwengeschrei, Sommercafés, Brücken, ein Markt und ein Arbeiterquartier im Wandel – der Spaziergang vom Nordufer nach Kallio zeigt ein vielschichtiges, abwechslungsreiches und authentisches Helsinki-Bild.

Den besten Blick auf die Uferstraße Pohjoisranta (= Nordufer) hat man von der Terrasse der **Uspenski-Kathedrale** (▶ S. 49). Von hier aus erkennt man die elegante Großstadtbebauung der Allee aus der Zeit um 1900, mit Türmchen, Erkern und viel Dekor. Wunderschön ist im Sommer die Aussicht auf die Segelschiffe und Yachten, die am **Halkolaituri Pier** 1 dümpeln, dahinter die bebauten Klippen von Katajanokka und die Insel Korkeasaari. Noch schöner wäre das Bild freilich, wenn es die Kohlehalden und Schornsteine im Norden nicht gäbe.

Bloß keine Hektik! Kallios Image als Malocher-Quartier hat sich überlebt und wird mit jedem Cappuccino ein bisschen mehr Vergangenheit.

INFOS/ÖFFNUNGSZEITEN
Ruiskumestarin talo 3: Kristianinkatu 12, T 09 31 07 15 49, www.ruiskumestarintalo.fi, wechselnde Öffnungszeiten, i.d.R. Juni–Sept. (s. Website), Eintritt frei
Kallio-Kirche 6: Itäinen papinkatu 2, T 09 23 40 36 20, Mo–Fr 7–21, Sa/So 9–19 Uhr

Hakaniemi-Glashalle ℹ: Hakaniemen torikatu 1, Mo–Fr 8–20, Sa 8–18 Uhr

KULINARISCHES FÜR ZWISCHENDURCH
Das **Savu** 1, ein über 200 Jahre altes rotes Holzhaus, wartet mit toller Insellage, rustikaler Inneneinrichtung, geräucherten Spezialitäten und im Sommer eventuell einer Partie Mölkky auf (Tervasaarenkannas 3, T 09 74 25 55 74, www.ravintolasavu.fi, Juni–Aug. Mo–Sa 12–23, So 13–18, ab Mitte Mai u. bis Mitte Sept. Di–Sa 18–22 Uhr, Lunchmenü 29 €, Hauptgerichte 23–35 €). Der Jugendstilturm **Paasitorni** ist mit der Arbeiterbewegung verwoben. Während des Bürgerkriegs 1918 diente er den sozialistischen ›Roten‹ als Hauptquartier. Heute findet man hier vier traditionelle Restaurants unter einem Dach, darunter mit dem **Juttutupa** 2 eines der ältesten der Stadt (Säästöpankinranta 6, www.juttutupa.fi, Mo–Do 10.30–23.30, Fr. 10.30–24, Sa 11–24, So 12–22 Uhr, Lunchbüfett 10,70 €; Mietsauna 230 €/2,5 Std.).

Cityplan: G–J 2–4 | Tram 3, 6/6T, 7, 9, **Metro** Hakaniemi, Kaisaniemi

Vom schwarzen Teer zur grünen Oase

Auf Höhe des schattigen Parks Liisanpuistikko ist von der Pohjoisranta aus die Teerinsel, **Tervasaari** 2, über einen Damm zu Fuß zu erreichen. Dort hatten im 16. Jh. Händler ihre Teerlager, heute gibt es hier eine hübsche Grünanlage mit dem populären Restaurant **Savu** 1. Schon die Aussicht ist den Abstecher wert! Auf der vom Nordufer nach Westen führenden Liisankatu und den Nachbarstraßen entdeckt man schön erhaltene Häuser des Jugendstil oder Funktionalismus. Die Parallelstraße Kristianinkatu hält ein besonderes Highlight bereit: Hier steht mit dem **Ruiskumestarin talo** 3 von 1818 das älteste erhaltene Holzhaus der Stadt. Am westlichen Ende der Liisankatu markiert eine vergoldete Zwiebelkuppel das fünfstöckige **Gebäude der orthodoxen Gemeinde** 4 (1905).

Die **Lange Brücke** 5 (Pitkäsilta), die eigentlich ziemlich kurz ist, markierte früher die Grenze zwischen dem gutbürgerlichen Helsinki und dem Arbeiterviertel Hakaniemi. Das luxuriöse Hilton-Hotel und viel verglaste Architektur machen aber deutlich, dass in Hakaniemi von proletarischem Milieu keine Rede mehr sein kann. Die ehemaligen Einfachstquartiere mit dreckigen Hinterhöfen glänzen heute wie Granitschlösschen, und der Blick auf Wasser, Bootsanleger, Park und Strand macht diesen Teil des Viertels zur Top-Lage. **Hakaniementori** (▸ S. 101), der große Marktplatz von Hakaniemi, wird umringt von hohen Geschäftshäusern, Banken und Hotels. Die denkmalgeschützte **Hakaniemi-Markthalle** 🛈 am Nordende des Platzes wird bis 2021 grundsaniert; die Verkaufsstände findet man derzeit in der benachbarten ›Glashalle‹ (Lasihalli).

In Kallio findet man die ausgefallensten Cafés und Restaurants der Stadt – probieren lohnt sich!

Hereinspaziert!

Zum Norden hin steigt vom Hakaniementori das Gelände leicht an und führt schnurgerade ins Viertel Kallio (wörtl.: Fels, Berg), das ebenfalls ursprünglich ein Arbeiterquartier war – die Straßenzüge rundherum können das nicht verleugnen. Heute präsentiert sich das junge Viertel quirlig, trendy und alternativ, und ist zudem ein wenig günstiger als die althergebrachten Stadtteile.

Von Kallios höchster Stelle grüßt der Turm der 1912 erbauten **Kallio-Kirche** 6 (Kallion kirkko) weit in jede Richtung und ist damit fester Bestandteil der Hauptstadt-Skyline. Die graue Granitkirche verkörpert neben dem Nationalmuseum am besten den Stil der Nationalromantik. Von der Terrasse hat man einen schönen Blick nach Süden bis hin zur Uspenski-Kathedrale, wo der Spaziergang begann.

→ **UM DIE ECKE**

Vom Fischerhafen in die Zukunft

Östlich des Viertels wird das ehemalige Industrie- und Hafengebiet **Kalasatama** 7 zu einem Vorzeigeprojekt ›smarter‹ Stadtentwicklung ausgebaut. Bis 2040 entsteht hier ein Stadtteil für 25 000 Menschen, der mit der Metro innerhalb von sechs Minuten vom Stadtzentrum zu erreichen ist. Einige Teile, wie das neue Shoppingcenter REDI, stehen bereits. Vielseitig, innovativ, komplett vernetzt und grün – mit selbstfahrenden Bussen, intelligenter Müllentsorgung und solarbetriebenen Ladestationen für Handys spielt Helsinki hier wie nirgends sonst die futuristische Hightech-City.

Heißer Tipp für kalte Tage: Die Umgebung ist ein richtiger ›Hotspot‹ für Saunagänger. Von der **Kulttuurisauna** ❶ (Hakaniemenranta 17, Mi–So 7–12 Uhr, 15/12 €) kann man den Sprung direkt ins eisige Meer wagen. Auf traditionell finnische Art schwitzt man in Kallios Sauna **Arla** ❷ (Kaarlenkatu 15, T 050 47 62 184, Mi–Fr 16–22, Sa–So 14–22 Uhr, 15/12 €) und in der holzbeheizten **Kotiharju** ❸ (Harjutorinkatu 1, T 09 753 15 35, Di–So 14–20 Uhr, 14/11, 12–16 Jahre 8 €). Einfach, alternativ und kostenlos ist die durchgängig geöffnete Self-Service-**Sompasauna** ❹ (www. sompasauna.fi).

 # 10

Weiße Bauten, blaues Wasser – **entlang der Töölö-Bucht**

Schon in den 1950ern plante man, rund um das blaue Wasser der Töölö-Bucht das Zentrum des neuen Helsinki entstehen zu lassen. Doch erst die spektakulären Projekte der letzten Jahre ließen die Pläne Wirklichkeit werden.

Wie geschaffen für Performances und Kunst-Aktionen: der Platz vor der weißen Marmorfassade der Finlandia-Halle.

Zwischen der verkehrsreichen Schneise der Mannerheimintie und der Töölö-Bucht, nicht weit vom Reichstag entfernt und schräg gegenüber vom Nationalmuseum, erhebt sich inmitten eines kleinen Parks die markant konturierte **Finlandia-Halle** ✦ (Finlandiatalo). Der Komplex aus weißem Carrara-Marmor und grauem Granit ist eine der auffälligsten Landmarken der Hauptstadt, er wurde 1971 fertiggestellt und 1975 erweitert. Bis in kleinste Details trägt die

Halle die Handschrift ihres Erbauers Alvar Aalto (▶ S. 81). Wer sich für die Architektur interessiert, kann die Halle auch außerhalb von Konzerten auf geführten Rundgängen besichtigen. Das Foyer und die Ausstellungen der ›Galerie Veranda‹ sind aber auch ohne Eintrittsgeld anzusehen.

Architektonisches Ausrufezeichen

Die **Finnische Nationaloper** (Suomen kansallisooppera, ▶ S. 108) ist das nächste Wahrzeichen des neuen Helsinki. Innerhalb der Parklandschaft rund um den See setzt das weiße, 1993 fertiggestellte Opernhaus ein architektonisches Ausrufezeichen. Angesichts leerer Kassen war der Bau der zur Töölö-Bucht hin komplett verglasten Oper seinerzeit umstritten, doch konnte sich die Kultur gegenüber den ökonomischen Zwängen durchsetzen. Mit seiner Experimentierbühne sowie mehreren Ballett-, Proben- und Chorsälen ist der Bau heute aus dem hauptstädtischen Kulturleben nicht mehr wegzudenken. In der Nationaloper werden sowohl klassische als auch moderne Opern und Ballettstücke gegeben. Die Preise sind noch moderat, viele Vorstellungen oft lange im Voraus ausgebucht – also rechtzeitig Karten besorgen!

Training unter Bäumen

Hinter der Oper sollte man den kleinen Schlenker nach links nicht scheuen, wo im Viertel jenseits der Helsinginkatu eindrucksvolle Sportstätten und Arenen konzentriert sind. Umgeben ist das Ganze von Fichten, Kiefern und glattgeschliffenen Granitkuppen, die die Nähe der Großstadt vergessen lassen – Natur pur. Eine Art sportliches Entree bildet die von Wäino Aaltonen gestaltete **Nurmi-Statue** 1, die an eine Ikone des finnischen Sports erinnert. Der Langstreckenläufer und Nationalheld Paavo Nurmi (1897–1973), dessen vergoldete Schuhe im nahen Sportmuseum aufbewahrt werden, nahm in den 1920ern an drei Olympischen Spielen teil und gewann dabei neun Gold- und drei Silbermedaillen – im Gegensatz zur Darstellung des Denkmals allerdings niemals nackt.

Ganz in der Nähe huldigt eine weitere Statue dem Langstreckenläufer Lasse Viren (geb.

P POLITIK

Die **Finlandia-Halle** ist nicht nur ein tolles Konzerthaus, sie war 1973 auch der Ort der ersten ›Konferenz für Sicherheit und Zusammenarbeit in Europa‹ (KSZE). An ihr nahmen 15 NATO-Staaten, sieben Staaten des Warschauer Paktes und 13 neutrale Länder teil. Auf die Schlussakte der Konferenz, die sogenannte Helsinki-Charta, beriefen sich bis zum Zusammenbruch des Warschauer Paktes alle Freiheitsbewegungen in Osteuropa. Zwei Jahre später ging aus der Konferenz die ›Organisation für Sicherheit und Zusammenarbeit in Europa‹ (OSZE) hervor.

Finlandia-Halle

INFOS/ÖFFNUNGSZEITEN

Finlandia-Halle ❶: Mannerheimintie 13, T 09 402 41, www.finlandiatalo.fi, Infoshop, Veranda-Café u. Veranda-Galerie Mo–Fr 9–19 Uhr, Führungen 16/11 €

Wintergarten 4: Hammarskjöldintie 1, Di 9–15, Mi-Fr 12–15, Sa/So 12–16 Uhr, Eintritt frei
Linnanmäki 6: Tivolikuja 1, T 010 572 22 00, www.linnanmaki.fi/en, Nov.–April geschl., sonst wechselnde Öffnungszeiten (genaueres online), Tagesticket 42 €
Sea Life 7: Tivolitie 10, T 095 65 82 00, www.visitsealife.com, tgl. 10–17, Sa bis 20 Uhr, 18,50 €, Kinder 3–14 Jahre 15 € (Tickets günstiger online)

KULINARISCHES FÜR ZWISCHENDURCH

Am Töölö-See bietet sich reichlich Gelegenheit zum Einkehren. Am schönsten ist es an einem trockenen Sommertag auf der Terrasse des Cafés **Sininen Huvila** ❶ (Linnunlauluntie 11H, T 050 408 08 16, www.sinisenhuvilankahvila.com, Juni–Aug. tgl. 10–22 Uhr). Ein bunt bemalter Kaffeetopf weist den Weg zum blauen Holzhäuschen, das verschwiegen im Wald oberhalb des Ufers thront. Der fantastische Blick auf die Prunkbauten jenseits der Bucht konkurriert mit dem köstlichen Kuchen.

Cityplan: E–G 1–4 | Tram 2, 7A/7B, 4, 8, 10

In Bronze festgehaltene Dynamik: Paavo Nurmi, Finnlands unvergessener Olympionike. Und wo könnte er besser laufen als vor dem Olympiastadion?

1949). Von der Nurmi-Statue (besser noch: von dem Hügel zur Rechten) hat man einen guten Blick auf das **Olympiastadion** 2, das bereits für 1940 geplant und im Wesentlichen fertiggestellt worden war – wegen des Zweiten Weltkriegs mussten die Olympischen Spiele damals aber ausfallen und wurden erst 1952 nachgeholt. Die Modernität dieser landesweit größten Sportarena erschließt sich wohl am ehesten, wenn man sie mit dem ›Vorgängerbau‹, dem Berliner Olympiastadion, vergleicht. Das denkmalgeschützte, 40 000 Zuschauer fassende Stadion wird bis Ende 2020 überdacht und gründlich modernisiert. Während der Renovierung bleiben alle Institutionen geschlossen, darunter auch das Sportmuseum und der markante, 72 m hohe **Aussichtsturm.**

Für jede Jahreszeit

In unmittelbarer Nähe sind weitere Sportstätten angesiedelt: u. a. die moderne **Telia 5G -areena,** die **Eissporthalle** (Jäähalli), das **Schwimmstadion** und mehrere Fußballplätze. Von diesen Arenen im Grünen spaziert man nur wenige hundert Meter südöstlich auf den idyllischen **Eläintarha-Park** **3** (Eläintarhan puisto) zu, der gegen Ende des 19. Jh. angelegt wurde und mit einigen Statuen geschmückt ist. In seinem Zentrum befindet sich die Eisen-Glas-Konstruktion des **Wintergartens 4** von 1893, dessen Besuch durchaus lohnt. Davor fällt das Gelände in mehreren Terrassen mit Rosengärten und anderen Blumen wieder zur Helsinginkatu und zur Töölö-Bucht ab.

Alles auf einen Blick

Auf der Ostseite der Töölö-Bucht führt ein Weg erhöht am Ufer entlang, mit tollem Blick auf die Wasserfontäne, auf Reichstag, Musik-Haus, Finlandia-Halle, Nationaloper und Nationalmuseum. Jetzt versteht man, warum in der Stadtplanung von Alvar Aalto und anderen die Töölö-Bucht die wichtigste Rolle spielte. Dabei gibt es auf dieser Seite, im Distrikt Linnunlaulu, so gut wie keine repräsentativen Bauten, dafür aber manche schön restaurierte, herrschaftliche Holzvilla, darunter alte **Kapitänshäuser 5** und das idyllische Café **Sininen Huvila ❶**. Am Ende kann man auf einer Fußgängerbrücke die Eisenbahngleise überqueren und die Tour in Richtung Hakaniemi fortsetzen. Oder man bleibt am Ufer und komplettiert die Runde bis zum Ausgangspunkt, der **Finlandia-Halle.**

SPORTLICH

Für Bewegungs-Fans: An der Töölö-Bucht können Sie am Wasser entlangjoggen, unter Bäumen wandern und zwischendurch eine Partie Schach mit Großfiguren im Hesperiapark spielen. Genauso gut können Sie die Picknickdecke ausbreiten, sonnenbaden, Enten füttern, Fahrrad fahren oder den See – je nach Jahreszeit – mit Kanu oder Schlittschuhen erkunden und dabei fantastische Blicke auf die Gebäude rundherum genießen. Kajaks, SUP-Boards und Boote kann man an der Südspitze der Bucht bei Hakuna Matata ausleihen.

Karamzininranta 4, www.hakunamatata sup.fi, T 040 140 77 05, Mai–Sept. tgl. wetterabhängig 10–18 Uhr (Online-Buchung mögl.), SUP-Board/Kajak 1 Std. 20 €/Pers., 2 Std. 30 €, jede weitere Std. 5 €

→ **UM DIE ECKE**

Höhenflüge und tiefe See

Östlich der Eisenbahngleise ertönt schon von Weitem Gejuchze und Gekreische aus dem Vergnügungspark **Linnanmäki 6**. Mit mehr als 40 Fahrgeschäften hält der Park seine Besucher auf Hochtouren, am beliebtesten ist nach wie vor die Holzachterbahn aus dem Jahr 1951. Die Preise für den Spaß sind zwar gepfeffert, doch ist der Zugang an sich kostenlos, und auch der Ausblick vom Panoramaturm ist frei. Bei schlechtem Wetter gewährt nebenan das **Sea Life 7** Einblicke in die Geheimnisse der See.

Strände, Jugendstil und Panoramablicke – **Kaivopuisto und Eira**

Entspannt durch den großzügigen Kaivopuisto-Park wandern, an der Merisatama-Bucht Segelschiffe beobachten und im Viertel Eira Jugendstilfassaden bewundern – auf der Halbinsel südlich des Kauppatori kommen vor allem Spaziergänger, Naturliebhaber und Architekturfans auf ihre Kosten, neuerdings aber auch Sauna-Enthusiasten.

Romantisch: Die schönsten Ausblicke auf die See hat man von den Felsen des Kaivopuisto-Parks.

Südlich des Kauppatori und der Alten Markthalle ragt eine sanft modellierte, überwiegend grüne Halbinsel in die Ostsee und trennt den Süd- vom Westhafen. Sie ist Ziel eines Rundgangs, der das Typische der finnischen Hauptstadt auf das Schönste unterstreicht: die enge Verzahnung von Natur und Kultur ebenso wie von Wasser und Land. Nur einen Block hinter der Alten Markthalle beginnt der sanfte Aufstieg zum Observatoriumsberg, und zwar auf Höhe der **Deutschen Kirche** **1** (Saksalainen kirkko). Das Gotteshaus der aktiven Deutschen Gemeinde Helsinkis ist u. a. ein populärer Ort, um sich in der Hauptstadt das Ja-Wort zu geben. Rechts davon befindet sich mit dem **Denkmal für die Schiffbrüchigen der ›Habsburg‹** eines von drei Monumenten, die sich auf diesem Rundgang dem Untergang von Schiffen widmen.

Auf weite Sicht

Noch höher geht es auf den **Observatoriumsberg** (Tähtitorninvuori) hinauf, der von einem wunderschönen Park, einem der ältesten der Stadt, umringt ist. Er bietet hohe Bäume, Denkmäler und Parkbänke, aber auch interessante Bauwerke wie das von C. L. Engel entworfene und 1833 fertiggestellte **Observatorium 2** (Helsingin Observatorio). Die hohe Lage ermöglicht eine herrliche Aussicht auf die Stadt, den Hafen und die vorgelagerten Inselchen und abends kann man hier die Manöver der Riesenfähren nach Tallinn und Stockholm beobachten. Am besten ist die Sicht von der Terrasse hinter dem zweiten **Denkmal für Schiffbrüchige.** Fantastisch ist auch der Blick auf die Halbinsel Katajanokka, die in der Abendsonne in einem einzigartigen Licht erstrahlt, und auf die **Olympiakais 3.** Die gelben Backsteingebäude wurden eigens für die Olympischen Sommerspiele 1952 errichtet.

Lazy afternoon

Vom Observatoriumsberg geht es zur Ullankatu hinab, auf der man die **Russische Botschaft 4** (Venäjän Federaation Suurlähetystö Suomessa) passiert, ein mächtiges Granit- und Kalksteinhaus von 1952. Seine Errichtung war Teil der finnischen Reparationszahlungen an die UdSSR. Wenige Schritte weiter erhebt sich die **St. Henrik-Kathedrale 5** (Pyhän Henrikin katedraali, 1860), eine der wenigen Kirchen der römisch-katholischen Christen, die mit ca. 15 000 Mitgliedern in Finnland eine Minderheit darstellen. Ihr gegenüber findet sich ein von Eliel Saarinen 1916 entworfener Marmorpalast, einst die Privatresidenz eines Industriellen, heute Sitz des Arbeitsgerichtes. Zwischen beiden Gebäuden führt die Iso Puistotie, die große Allee, schnurgerade durch den **Kaivopuisto-Park** und dann wieder aufs Meer zu. Der größte und wohl auch schönste Park der Stadt ist aus einem großen Kurkomplex hervorgegangen, der hier im 19. Jh. für die russische High Society angelegt wurde. Uralte Baumbestände wechseln sich mit weitläufi-

Ü **ÜBRIGENS**

In der Sommersaison lohnt das Mini-Inselhüpfen hinüber zu den umgebenden Schären (ab dem **Wasserbus-Terminal**). Dort kann man herrlich spazierengehen, vielleicht auch baden – und einkehren: Im Sommer genießt man auf der Insel Sirpalesaari mit dem Restaurant **Saari 3** (www.ravintolasaari. fi), auf Liuskasaari mit dem **HSS Paviljong 4** (www.hsspaviljong. fi) und dem Pizzarestaurant **Skiffer** sowie auf der gleichnamigen Insel mit dem **Uunisaari 5** (www.uunisaari.fi) ausgezeichnete Speisen mit Meerblick.

Nicht nur für stille Genießer – im Sommer wandeln sich Helsinkis Parks zu Freiluftbühnen für Tänzer, Grill-Könige und Event-Besucher.

Cityplan: G–J 6/7 | **Tram** 1, 3, 10

Schöne Aussicht auf die Schären genießen Sie unter dem Sonnensegel des **Café Ursula 1** (Ehrenströmintie 3, T 09 65 28 17, www.ursula.fi, tgl. 9–19 Uhr, Mittagsmenu 12–15 €). Hier, wo heute viele Spatzen und Enten auf Krümel vom köstlichen Kuchen hoffen, stand ursprünglich das Kurbad des Kaivopuisto. Neben dem Löyly-Saunakomplex lockt, ebenfalls in moderner Holzarchitektur, auch das **Café Birgitta 2** mit Blick aufs Meer und leckeren Burgern (Hernesaarenranta 2, Mo–Fr 11–21, Sa–So 12–21 Uhr, Burger 19–25 €).

gen Rasenflächen ab, gewachsener Fels kontrastiert mit dem Blau der Ostsee, die man an vielen Stellen sieht. Einwohner und Besucher nutzen die Picknickstellen, die Spielplätze und Open-Air-Bühnen, die Restaurants und Sommerterrassen. Das Kurhaus wurde zwar im Zweiten Weltkrieg durch Bomben zerstört, aber Reste der alten Wellness-Institutionen, wie die alte Trinkhalle, heute der Nachtclub **Kaivohuone** (▸ S. 109), finden sich noch allerorts. Der wichtigste Orientierungspunkt im Park ist das **Observatorium Ursa 6** (Ursan tähtitorni), das kleiner ist als die Sternwarte auf dem Observatoriumsberg, aber auf der höchsten Stelle des Geländes von überall gut zu sehen ist.

Das Meer gibt und nimmt

Zum Meer hin setzt sich das schöne Bild in Parkanlagen mit Uferpromenaden und Bootsanlegern, und in der Bucht an der **Eiranranta 1**, einem herrlichen Sandstrand, fort. Und immer wieder genießt man den Blick aufs Meer, die Schären und Suomenlinna (▸ S. 74). Nach einer kurzen Wegstrecke gelangt man zur **Marina 7** an der Bucht **Merisatama.** Im Sommer ankern dort unzählige Privatboote, im Winter werden sie im angrenzenden Grüngürtel aufgebockt und seefest gemacht.

Am Ende des Kais liegt hinter dem Café Carusel (▶ S. 94) der **Wasserbus-Terminal ②** zur Insel Pihlajasaari. Zur Rechten, den Kai entlang, kann man an Sommertagen einen finnischen Familiensport, das Teppichwaschen, auf eigens dafür eingerichteten Waschbrücken beobachten. Neben einem Basketball- und Skateboardplatz, an dem im Sommer Jugendliche ihre Kunststücke testen, erhebt sich das dritte **Monument für die Opfer des Meeres.**

Finnisch wird Literatur

Dahinter betritt man an der **Villa Ensi ⑧** das **Viertel Eira,** das zwischen 1904 und 1914 entstand und als das Jugendstil-Eldorado Helsinkis gilt. Hier sollte man einfach umherschweifen und staunen! Wer genug gegangen ist, kann vom **Eira-Krankenhaus ⑨** (Eiran Sairaala; Lars Sonck, 1905) mit der Tram Nr. 3 wieder ins Zentrum zurückkehren – vielleicht aber doch erst nach einem Abstecher zur **Agricola-Kirche ⑩** (Mikael Agricolan kirkko) aus dem Jahr 1935. Benannt ist die Kirche nach dem finnischen Reformator Mikael Agricola (1509–57), einem Schüler Luthers. Er gilt als Vater der finnischen Literatur, da er das Neue Testament ins Südfinnische übersetzte und es damit zur Schriftsprache machte.

Ob im Jugendstil oder funktionalistisch – Eiras Fassaden können sich sehen lassen.

→ UM DIE ECKE

Design im heißen Dampf

Auf **Hernesaari** (Erbseninsel) an der südlichsten Spitze Helsinkis steht der Design-Saunakomplex **Hernesaaren Löyly ③.** Das komplett mit Holz verkleidete Gebäude ist vor allem architektonisch ein echter Hingucker. Doch hinter dem modernen Äußeren verbirgt sich urfinnische Tradition: Die drei Saunen, darunter eine Rauchsauna, werden noch mit Holz beheizt. Ein Restaurant und eine große Dachterrasse bieten phänomenale Aussicht über Stadt und Meer. Und das Beste: Nach dem Saunagang kann man direkt in die Ostsee springen (Hernesaarenranta 4, www.loylyhelsinki.fi, Sauna Mo/Di 16–22, Mi/Do 13–22, Fr/Sa 13–23 und Sa 8–10, So 13–21 Uhr, 19 € für 2 Std.). Weiter südlich bietet der Party- und Sommerstrand **Hernesaaren Ranta** mit Bars, Restaurants und Sonnenliegen die ideale Mischung aus Spaß und Entspannung. Irgendwie surreal, über Sand und Palmen auf Helsinki zu blicken …

ÜBRIGENS

Das **Villenviertel Eira** zeigt am besten, dass die Jugendstilepoche in Helsinki zu ganz anderen Ergebnissen führte als etwa in Wien, Riga oder Brüssel. In Formen, Motiven und Farben baute man eher zurückhaltend – wie die Finnen eben sind. Manche behaupten, an der kleinen, aufs Meer zulaufenden Straße **Huivilakatu** stünden die schönsten Jugendstilhäuser. Ob aber nun sie, die Kaapteeninkatu oder die Laivurinkatu die stilreinste Bebauung aufweist und wo die feinen Unterschiede zwischen Jugend- und Nationalstil denn genau liegen, das mag jeder Architekturfan für sich entscheiden.

12

Ein Tempel im Felsen – rund um Hietaniemi

Ein Sandstrand, ein Friedhof, Museen und ein ganz normales Wohnviertel – Schlaglichter einer Wanderung durch einen Stadtteil, der von Natur bis Kultur alles in sich vereint. Das eher unbekannte Helsinkier Quartier Etu-Töölö, in dessen Herzen die berühmte Tempelkirche in den finnischen Granit gesprengt wurde, erstreckt sich von der Mannerheimintie bis zu der Halbinsel Hietaniemi.

Nicht nur schön anzusehen: Die Kupferkuppel der Tempelkirche sorgt als Klangschale auch für optimale Akustik.

Direkt hinter dem **Kamppi-Komplex** (▶ S. 40) steht eine auffällig gewölbte Halle, die **Tennispalatsi** 1 heißt – tatsächlich waren hier einmal vier Tennisplätze untergebracht. Nach Jahren des Verfalls konnte die Anlage renoviert und umfunktioniert werden. Das weiße Gebäude im lupenreinen funktionalistischen Stil war 1938 im Vorgriff auf die geplanten Olympischen Sommerspiele von 1940 eröffnet worden. Als diese dann 1952 nachgeholt wurden, war der ›Tennispalast‹ Schauplatz des Basketballturniers. Gleich über dem Kino – eingehüllt in den Duft frischen Popcorns – präsentiert hier das **Helsinki Art Museum** (HAM) in den beiden oberen Stockwerken finnische und internationale Kunst der Jetztzeit, Installationen und Happenings. Sehenswert ist die permanente Ausstellung, die ganz andere Seiten der finnlandschwedischen Künstlerin Tove Jansson als ihre berühmten Mumin-Comics zeigt.

›Schienenverkehr‹ im Untergrund

Vom Hauptbahnhof bis zum Westhafen (Länsisatama, ▶ S. 66) durchschneidet ein 5 m tiefer Graben das Stadtbild – ein Relikt aus den Zeiten, als hier noch eine Bahnlinie zum Transport von Gütern an den Hafen entlangführte. Als 2008 der Schiffstransport in die Gegend Vuosaaris verlegt wurde, war der Transportweg auf einmal überflüssig und wurde 2012 in einen 1,5 km langen tiefer gelegten Korridor für Fußgänger und Radfahrer umfunktioniert, ›Baana‹, finnisch für Schiene, genannt.

Über die Baana führt eine Brücke; wenn Sie sie überqueren und sich rechts halten, gelangen Sie zum **Naturhistorischen Museum** **2** (Luonnontieteellinen Museo), einem sehr schönen Bau im Stil der Neorenaissance. Vor dem Eingang begrüßt ein bronzener Elch die Besucher. Im Inneren entführen umfangreiche und auch für Kinder interessante Ausstellungen den Besucher anschaulich auf eine Reise durch die finnische Natur oder durch die Evolution seit dem Urknall.

Helsinkis Architekturikone

Über die leicht ansteigende Fredrikinkatu geht es zur **Tempelkirche** **3** (Temppeliaukion kirkko), auch Felsenkirche genannt. Von außen ist die flache Kuppel kaum zu sehen, und auch der Eingang mit dem diskreten Charme einer Tiefgarage lässt nicht ahnen, welch fantastischen Raumeindruck das Innere bietet: Rauer Fels, eine von Betonrippen getragene Kupferdrahtkuppel und die schlichte Einrichtung liefern eine eindringliche Bühne für den sich ständig wandelnden Lichteinfall. Zu Recht gilt die moderne Kirche als eine der schönsten Skandinaviens. Sie ist das Ergebnis eines Architekturwettbewerbs, bei dem die Aufgabe zu bewältigen war, einen von hohen Mietshäusern gesäumten und mit einem Granit-

▶ **KINO DREISPRACHIG**

Unter dem Dach des HAM befindet sich das **Kino Tennispalatsi,** das größte Finnkino des Landes. In den 14 Sälen werden die aktuellen Blockbuster und cineastische Kostbarkeiten meist in Originalsprache gezeigt (Ausnahme: Kinderfilme). Untertitelt werden sie jedoch nicht nur in Finnisch, sondern auch in der zweiten Landessprache Schwedisch.

Arachnophobiker aufgepasst! Das **Naturhistorische Museum** wird nicht nur von ausgestopften, sondern auch von quicklebendigen Tierchen bevölkert: 1963 wurde in seinen Kellerräumen erstmals die exotische Spinnenart Loxosceles laeta gesichtet. Vermutlich wurden die in Südamerika heimischen Giftspinnen versehentlich in den kalten Norden verschifft. Da die Spezies über einen längeren Zeitraum ohne Wasser und Nahrung auskommt, ist es schwer, sie wieder loszuwerden. Aber keine Angst: Die Tierchen leben zurückgezogen im Dunklen und es besteht keine Gefahr, durch einen Spinnenbiss zu Spiderman zu mutieren.

Cityplan: D–F 3–5 | **Tram** 1, 2, 8, **Bus** 24 (zum Sibelius-Denkmal)

INFOS/ÖFFNUNGSZEITEN

Tennispalatsi 1
HAM Kunstmuseum: Eteläinen Rautatiekatu 8, T 09 31 08 70 03, www.ham
helsinki.fi, Di–So 11–19 Uhr, 12/10 €,
unter 18 Jahren frei, für einige Ausstellungen Eintritt frei, Sa häufig Führungen auf
Engl. (im Ticket inbegriffen)
Kino Tennispalatsi: Salomonkatu 15,
www.finnkino.fi/eng/cinemas/helsinki_
tennispalatsi, 12–17 € (je nach Tag und
Uhrzeit)
Naturhistorisches Museum 2: Pohjoinen Rautatiekatu 13, www.luomus.fi,
Di–Fr 9–16, Do bis 18, Sa/So 10–17/16,

Juni–Aug. tgl. 10–17 Uhr, 15/12 €, Kinder
7 €, unter 7 J. Eintritt frei
Tempelkirche 3: Lutherinkatu 3, T 09
23 40 63 20, wechselnde Öffnungszeiten
s. www.temppeliaukionkirkko.fi, 4 €

KULINARISCHES FÜR ZWISCHENDURCH

Café Regatta 1: Merikannontie 8,
tgl. 8–22 Uhr
Bistro Badenbaden 2: Hiekkaran-
nantie 11, T 02 07 87 97 56, Mai Sa/
So u. Juni–Mitte Aug. tgl. 11–17 Uhr.
Erfrischende Getränke, Eiscreme, Burger
und Pizzas mitten im Strandleben

Am Strand Hieteranta

buckel besetzten Platz mit einem Gotteshaus zu
schmücken. Erst im dritten Anlauf fand sich 1961
mit dem Konzept der Brüder Timo und Tuomo
Suomalainen eine eigenwillige Lösung: Mit ihrem
Plan strebten sie nicht in die Höhe, sondern in
die Tiefe und sprengten eine Kirche in den Felsen! Am schönsten ist es in der Kirche in den
frühen Morgenstunden, wenn die Sonne schräg
durch die Fenster fällt und der Raum noch nicht
von Touristen überflutet ist. Oder Sie genießen
den fantastischen Klang während eines der regelmäßig stattfindenden Konzerte: Wegen ihrer
besonderen Stimmung und guten Akustik zählt
die Felsenkirche zu den beliebtesten Konzertsälen
des Landes.

Ruhestätte neben Badestrand

Hietaniemi – die grüne Halbinsel, die im Westen der Stadt in die Bucht ragt, wird fast zur Gänze vom **Friedhof Hietaniemi** 4 besetzt, dem größten des Landes. Seit 1829 ist er letzte Ruhestätte für viele bedeutende Persönlichkeiten der finnischen Geschichte. Westlich der Kapelle befindet sich der Kriegsgräberfriedhof, ebenso die Grabstätten fast aller finnischen Präsidenten, so z. B. von Urho Kekkonen oder Paasikivi. Auch andere Berühmtheiten wie Tove Jansson ruhen hier. Interessant ist ein Vergleich der Gräber mit denen auf dem orthodoxen, jüdischen oder islamischen Teil des Friedhofs. Ein Spaziergang jenseits der Friedhofsmauern am Ufer entlang ist besonders idyllisch. Doch die Halbinsel Hietaniemi ist nicht nur den Toten vorbehalten, sondern auch ein höchst lebendiges Ausflugsziel. Dem Uferweg nach Norden folgend gelangen Sie nach **Hietaranta** 1, dem bekanntesten Sandstrand Helsinkis. ›Hietsu‹ zieht im Sommer vor allem junge Leute an, zwischen Sonnenanbetern und Beach-Volleyballspielern findet man hier zur Hochsaison kaum noch ein freies Plätzchen. Der ideale Ort, um den Sprung ins kalte Ostseewasser zu wagen oder sich auf den nahe gelegenen Felsen von den Sonnenstrahlen wärmen zu lassen.

M MUSIK

Heftige Kontroversen löste das abstrakte **Monument** zu Ehren des wohl berühmtesten Komponisten Finnlands, **Jean Sibelius,** nach seiner Enthüllung im Jahr 1967 aus. Der Künstler Eila Hiltunen versuchte sie zu entschärfen, indem er das Werk kurzerhand um eine konventionelle Büste des Musikers ergänzte. Die über 600 geschweißten und polierten Stahlröhren erinnern an Orgelpfeifen, doch Sibelius komponierte nie für die Orgel. Das Denkmal soll wohl eher an Baumstämme denken lassen und somit die nordische Natur als Inspirationsquelle für die Musik von Sibelius einfangen. Am besten kommen Sie in den Abendstunden,

→ UM DIE ECKE

Eng, gemütlich und köstlich
Von Hietaniemi lohnt sich der Gang an der Küste entlang bis zum **Sibelius-Monument** 5, einem der absoluten ›Must-have-seens‹ in Helsinki (alternativ mit Bus 24). Unweit des Sibelius-Denkmals auf einer kleinen Landzunge steht ein winziges rotes Holzhäuschen. Das 115 Jahre alte **Café Regatta** 1 ist nicht nur mit Krimskrams aus vergangenen Zeiten vollgestopft, sondern meist auch so brechend voll, dass die Besucher ein wenig zusammenrücken müssen. Die ofenwarmen *korvapuustit* (Zimtschnecken) machen die Enge jedoch wieder mehr als wett. Im Sommer sitzen Sie wunderbar draußen mit Blick über die Bucht. Außerdem können Sie sich über einem Lagerfeuer Ihre Würstchen selbst grillen. Wer viel Ausdauer hat, wandert weiter nach Norden entlang der schönen Uferszenerie bis nach Seurasaari (▶ S. 70)

wenn die Röhren das rötliche Sonnenlicht einfangen und die Fotografen und Touristengruppen verschwunden sind. Manchmal pfeift dann der Wind durch die Hohlräume – hören Sie die Musik?

Strukturwandel live –
am Länsisatama

Am Hietalahdentori, dem Markt des Westhafens, spielt die finnische Hauptstadt mit großen und repräsentativen Bauwerken noch einmal Metropole. In Sichtweite dazu wird mit der Werft die ökonomische Grundlage des Reichtums deutlich. Doch der Strukturwandel hat längst Einzug gehalten: Aus der ehemaligen Kabelfabrik von Nokia ist das größte Kulturzentrum Finnlands, auf dem Boden alter Industriebrachen das neue Stadtviertel Ruoholahti entstanden.

Mit der Tram oder auch zu Fuß über den Bulevardi oder die Baana gelangen Sie schnell zum Westhafen (Länsisatama), sowohl eine Bezeichnung für den Hafen im engeren als auch für den gesamten Stadtteil im weiteren Sinne. Der Westhafen in seinem heutigen Erscheinungsbild entstand Anfang des 20. Jh., indem mehrere kleine Inseln durch Landaufschüttungen mit dem Festland verbunden wurden. Das Gebiet am Rand der Stadt rückt seitdem immer weiter ins Zentrum.

Strukturwandel geschafft: entspannter Blick auf ehemalige Werften in Länsisatama

Wie aus Bier Kunst wird

Am westlichen Ende der Flanierstraße Bulevardi, kurz nachdem man das Alexander-Theater aus den 1870ern passiert hat, fällt links ein großer Industriekomplex aus rotem Backstein auf. Dabei handelt es sich um die ehemalige Brauerei Sinebrychoff, einst die älteste Brauerei nicht nur des Landes, sondern ganz Skandinaviens. Sie wurde 1819 vom gleichnamigen Braumeister aus St. Petersburg ins Leben gerufen. Die Familie Sinebrychoff sammelte in ihrer neuen Heimat von Anfang an auch Kunst, bis sie dem finnischen Staat 1921 die Kunstsammlung vermachten. Im selben Jahr wurde das **Kunstmusem Sinebrychoff** 🟥1 (Sinebrychoffin taidemuseo) eröffnet, das seit 2013 neben dem Ateneum und dem Kiasma Teil der Finnischen Nationalgalerie ist. Neben der beachtlichen Sammlung alter europäischer Meister sowie russischer und karelischer Ikonen ist vor allem das Hausmuseum als Herz der Ausstellungen sehenswert. Das repräsentative Wohnhaus der Brauereifamilie wird vom **Sinebrychoff-Park** im Stil eines englischen Gartens umgeben.

Imbiss-Mania

Um die Ecke breitet sich der Hietalahdentori aus, einer der größten Plätze der Stadt. Umringt wird er von respekteinflößenden hohen Gebäuden wie der ehemaligen **Technischen Hochschule** 🟥2 (1877), die im Hollywoodstreifen »Gorky Park« als Regierungspalast von Moskau zu sehen ist. Der Platz selbst wird von der **Hietalahti-Markthalle** 🟩 dominiert, einem ausnehmend schönen Jugendstilgebäude. Besonders im Sommer lohnt sich ein Abstecher hierher, wenn sich vor der Halle die Schatzsucher auf dem Flohmarkt tummeln. Erschöpft von der Suche, kann man in der Markthalle von Suppe über Sushi bis zu Street Food alles für einen Imbiss finden.

Tor zum Osten

Über die Hietalahdenranta, vorbei am kleinen Hafenbecken und über die Uferpromenade südwärts gelangt man zum Länsiterminaali (West-Terminal), der seit der Verlegung des Containerverkehrs nach Vuosaari 2008 hauptsächlich touristischen Zwecken dient: Hier legen vor allem die Fähren zum pittoresken Tallinn ab, aber auch das eine oder andere Schiff nach Sankt Petersburg. Immer

TALLINN

Mit weniger als 90 km liegt die estnische Haupt- und Hansestadt Tallinn quasi nur einen Steinwurf von Helsinki entfernt. Die Fähren Tallink Silja, Viking und Eckerö Line pendeln mehrmals täglich vom Länsiterminaali quer über den Finnischen Meerbusen, eine Fahrt dauert 2–3 Std. Ein Ausflug vom modernen Helsinki in die mauerumgürtete Altstadt Tallinns (UNESCO-Welterbe) gleicht einer Reise ins Mittelalter. In ferner Zukunft jedoch könnten die Fährunternehmen wortwörtlich »in die Röhre gucken«: Derzeit plant man, die beiden Hauptstädte durch einen Tunnel zu verbinden. Mit über 100 km wäre dieser dann der längste Unterwassertunnel der Welt– und mit dem Zug bräuchte man nur noch eine halbe Stunde bis ins Baltikum …

High-Tech-Center

Cityplan: D–F 6/7 | **Metro** Ruoholahti **Tram** 6/6T, 7, 8, 9, **Bus** 15

INFOS/ÖFFNUNGSZEITEN

Kunstmusem Sinebrychoff 1: Bule-vardi 40, T 0294 50 04 60, www.sinebry choffintaidemuseo.fi, Di–Fr 11–18, Mi bis 20, Sa/So 10–17 Uhr, 15/13 €, unter 18 Jahren frei, ebenso die Dauerausstellung im 2. OG

Alte Nokia-Kabelfabrik 6: Tallber-ginkatu 1G, T 09 47 63 83 00, www.kaa pelitehdas.fi, tgl. Shop/Info: Mo–Fr 9–15 Uhr. Am Info-Shop (Eingang vorüber-gehend im Büro, sonst C1) Infos zum aktuellen Programm und den jeweiligen Öffnungszeiten. Bis 2021 Konstrukti-onsarbeiten für das neue **Tanzhaus Helsinki**. Zu den einzelnen Kunstgalerien über die Eingänge B, C, D, E, Eingang G führt zu den drei Museen:

Finnisches Museum für Fotografie: Kabelfabrik, T 09 68 66 36 21, www. valokuvataiteenmuseo.fi, unter 18 frei

Theater-Museum: Kabelfabrik, T 040 192 23 00, www.teatterimuseo.fi

Hotel- und Restaurant-Museum: in der Kabelfabrik, T 044 747 41 10, www.hotellijaravintolamuseo.fi, unter 15 Jahren frei

Alle Museen Di–So 11–18, Mi bis 20 Uhr, je 10/5 €, Sammelticket 15 €

KULINARISCHES FÜR ZWISCHENDURCH

Das Restaurant-Café **Ravintola Hima & Sali** 1, in der Kabelfabrik zu erreichen durch den Eingang C, ist mit seiner fast 10 m hohen Halle ein echter Hingucker. Die Küche bietet u. a. leichte vegetarische Gerichte und Suppen zu fairen Preisen, im Café und der hauseigenen Bäckerei gibt's süße Leckereien (T 09 694 17 01, www. himasali.com, Mo–Fr 8.30–21, Sa/So 12–19 Uhr, Lunch 7,50–11 €).

Bitte Platz nehmen zum Probesitzen

wieder schweift der Blick nach Süden zum großen Komplex der **Arctech-Helsinki-Werft** 3, die seit 2014 der United Shipbuilding Corporation (USC), dem größten Schiffsbauunternehmen Russlands, gehört, aber über Jahrzehnte hinweg als Wärtsi-lä-Werft weltbekannt war. Heute hat man sich hier auf den Bau von Eisbrechern spezialisiert.

Musterknabe der Umgestaltung

Auch entlang der anderen Kais am Westhafen sah man früher Werften, Magazine und Kräne, später hauptsächlich Industriebrachen. Ab den 1990ern wurde das Hafengelände saniert. Der entstandene

Stadtteil Ruoholahti (Grasbucht) ist allerdings nicht ganz so grün, wie der Name es vermuten ließe. Alte Industrieareale, der Hafen, neue Architektur und Wasser gehen eine attraktive Verbindung ein. Heute leben hier Sozialhilfeempfänger ebenso wie Beamte, es gibt innovative Kreativfirmen genauso wie Fabriken und Hafenterminals. Um die alte Nokia-Kabelfabrik breitet sich ein Business-Distrikt aus, in dem sich viele Hightechfirmen niedergelassen haben. Seit der Umwandlung des Alko-Gebäudes nahe der Metrostation in das Einkaufszentrum Ruoholahti Kauppakeskus (2003) kann man nun auch ausgelassen shoppen.

Südlich der Metrostation befindet sich der **Wasserbus-Terminal** 4 mit Verbindungen zur Insel Pihlajasaari. Von hier blickt man am Ufer entlang auf das **High-Tech-Center** 5 (HTC), dessen fünf markante, am Wasser aufgereihte und 2001 fertiggestellte Bürogebäude nach den Schiffen berühmter Entdecker benannt sind, etwa der Santa Maria von Kolumbus oder der Kon-Tiki von Heyerdal.

Kabel adé

Ein ganz besonderes Highlight in Ruoholahti ist die **Alte Nokia-Kabelfabrik** 6 (Kaapelitehdas). Bis 1980 wurden hier Kabel für den finnischen Telekommunikationskonzern hergestellt, 1991 wurde er in das größte Kulturzentrum des Landes umgewandelt – genug Programm für einen verregneten Tag!

In der Kabelfabrik finden sich u.a. Kunstschulen, Tanztheater, zehn Galerien und drei interessante Museen: Das **Finnische Museum für Fotografie** (Suomen valokuvataiteen museo) inspiriert mit wechselnden Ausstellungen, das **Theater-Museum** (Teatterimuseo) lässt den Besucher in einer Kreuzung zwischen Informations- und Aktivitätszentrum in die Welt hinter der Bühne eintauchen und im **Hotel- und Restaurant-Museum** (Hotelli- ja ravintolamuseo) erfährt man mehr über die spannende Geschichte des Alkohols in Finnland. Darüber hinaus gibt es Restaurants und Imbisse, und zahlreiche Events ziehen die Besucher an. Junge Musiker und Künstler können Hobby-, Atelier- und Studioräume mieten. Bis 2022 soll der Komplex um eine weitere Attraktion und zugleich eine weitere Kunstform bereichert werden: Das **Tanzhaus** (Tanssin talo) wird sich dann als erstes Veranstaltungsgebäude Finnlands voll und ganz dem Tanz widmen.

W WANDEL

Die **Erbseninsel** (Hernesaari) an der südlichsten Spitze Helsinkis ist treibende Kraft in dem sonst so grauen Viertel: Bislang brachte allein der Kreuzfahrtterminal etwas Glanz in das ehemalige Industriegebiet. Seit Neuestem entwickelt sich die Halbinsel aber rasend schnell zu einem maritimen Wohn- und Erholungsgebiet für Helsinkier. Erst 2015 und 2016 wurden hier der Party- und Erholungsstrand Hernesaaren Ranta sowie der Saunakomplex Hernesaaren Löyly eröffnet (▶ S. 61).

▶ INFO

Erschöpft von einem langen Tag, können Sie von der Kabelfabrik bequem mit der Tramlinie 8 (Station Länsisatamankatu) oder mit der Metro (Station Ruoholahti) ins Zentrum zurückfahren.

14

Finnlands konservierte Seele – **Seurasaari**

Wo in Helsinki sind sie denn, die typischen Holzgebäude, Fischerkaten und Saunahäuschen, die ›Finnlands Seele‹ ausmachen? Doch! Auch das hat Suomis Hauptstadt zu bieten! Nämlich jenseits der Brücke nach Seurasaari, wo mit Freilichtmuseum, Folkloreveranstaltungen, Strandbad und Schärenromantik ein Kontrapunkt zum Modernismus gesetzt wird.

Eine schmale, gut 200 m lange **Holzbrücke** 1 trennt die Insel Seurasaari vom hektischen Treiben der Stadt. Mit dem Verlassen des Festlandes über das glitzernde Wasser taucht der Besucher in eine andere, vergangene Welt ein. Vor dem Bau der Brücke, die 1892 (ebenso wie die beiden charakteristischen Pavillons) aus Baumstämmen errichtet wurde, diente die Insel als Weideland. Seit den 1880er-Jahren wurde sie zunehmend zu einem beliebten Ziel für Picknick-Ausflüge ins Grüne, das jedoch zunächst nur mit dem Boot zu erreichen war. Schon vorher gab es hier ein Restaurant, Tanzpavillons, Bootsbrücken und angelegte Spazierwege, doch erst mit

Mit dem Freilichtmuseum im Rücken erfährt man erst beim Wandern, Baden oder Picknicken so richtig den Freizeitwert Seurasaaris.

dem Brückenbau wurde die Fohleninsel (schwedisch: Fölisön) vollends zur Gesellschafts-Insel mit dem finnischen Namen *seura-saari*.

Die Insel begrüßt den Besucher mit dunkelgrünen Baumkronen, bemoostem Boden und glattgeschliffenen Granitklippen am Meeresufer, die zum Ausruhen und Träumen einladen. Ein urtümliches Paradies – verstärkt wird dieser Eindruck durch die allgegenwärtige Tierwelt, die die Insel mit zwitschernden Vögeln und fast zahmen Eichhörnchen (die man nicht füttern sollte) bevölkert. Kein Wunder also, dass sie noch heute ein so ein beliebtes Naherholungsgebiet der Helsinkier ist.

Hart war das Leben

Hinter der Brücke stoßen Sie auf ein **Tickethäuschen** **2** – der Zugang zur Insel an sich ist zwar jederzeit und kostenfrei möglich, aber hier lösen Sie auch die Eintrittskarten für den Besuch der Gebäude auf dem 15 ha großen Gelände des Freilichtmuseums (Seurasaaren ulkomuseo).

Das größte Freilichtmuseum des Landes umfasst heute 87 historische Gebäude des 18. bis 20. Jh. aus verschiedenen Provinzen Finnlands. Es wurde 1909 von Professor Axel Olai Heikel nach dem Vorbild des Stockholmer Skansen aufgebaut, seine Existenz verdankt es vor allem dem Maler Akseli Gallen-Kallela, der damals vom Abriss bedrohte Bauwerke nach Seurasaari rettete. Manche der Villen haben noch einen urbanen Hintergrund, bei anderen Gebäuden machen Sie Bekanntschaft mit dem ländlichen Finnland: Hier und da setzt beispielsweise eine Windmühle oder ein altes Telefonhäuschen Akzente. Nicht nur das Innere der einzelnen Gebäude kann erkundet werden, die in Volkstrachten gekleideten Guides machen den Besucher außerdem mit den alten Handwerkstechniken und dem damaligen Lebensstil bekannt. Besondere Einblicke verschaffen der **Kleinpachthof Niemelä** **3** aus dem mittelfinnischen Konginkangas, das erste Gebäude, das nach Seurasaari zog, und der **Hof Antti** **4** aus dem westfinnischen Säkylä, richtige kleine Mini-Dörfer, die jeweils mit Saunen, Bootshäusern sowie allen anderen Neben- und Wirtschaftsgebäuden erhalten sind. Zu den größten Sehenswürdigkeiten zählt die turmlose **Holzkirche** **5** (Karunan vanha kirkko) von Karuna. Sie wurde

Die Holzbrücke nach Seurasaari ist nicht nur der einzige Zugang zur Insel, sie ist auch das Tor zu einer anderen Welt.

Dank der **Sandstrände** **1** am nordwestlichen Ufer ist die Insel Seurasaari auch bei Badefreunden beliebt – sogar im Winter! 1906 wurde am Westufer ein **FKK-Strand** **2** (Nudistiranta) eingerichtet, wie in Finnland üblich hübsch getrennt in einen weiblichen und einen männlichen Abschnitt. Wer kein Fan der finnischen Freizügigkeit ist, kann auch mittwochs oder sonntags herkommen, wenn Gemeinschaftsbaden für Männer und Frauen angesagt ist, dann allerdings mit Badebekleidung. Das nahegelegene Felsenufer ist der ideale Ort, um einfach mal die Sonne zu genießen.

1685–86 als Privatkapelle des Barons Arvid Horn errichtet und später mit Ölgemälden, Kanzel und Orgelprospekt geschmückt; der freistehende Glockenturm kam 1767 hinzu. Hinter der idyllischen Fassade des Freilichtmuseums wird jedoch klar: Das auf Seurasaari konservierte Leben im ›alten‹ Finnland war hart!

INFOS/ÖFFNUNGSZEITEN

Freilichtmuseum Seurasaari: T 0295 33 69 12, www.kansallismuseo.fi/en/seurasaarenulkomuseo, Mitte Mai–Mitte Sept. Mo–Fr 9–15, Sa/So 11–17, Mitte Juni/Aug. tgl. 11–17 Uhr, 8–10 €, Kinder bis 17 Jahre 4 €, unter 7 Jahren frei (Mittsommerabend geschl.). Museumsführungen auf Englisch Mitte Juni–Aug. tgl., Anfang Sept. Sa/So um 15 Uhr. Weitere Infos: www.seurasaarisaatio.fi
Pukkisaari 7 : Führungen n.V.: T 050 544 16 35, sommelo@sommelo.fi
Villa Tamminiemi 8 : Seurasaarentie 15, T 02 95 33 69 21, www.kansallis museo.fi/en/tamminiemi, Juni–Sept. Mi–So 11–17, sonst Sa/So 11–17 Uhr, 10/8 €, bis 17 J. 4 €, Kombiticket Seurasaari und Tamminiemi 16 €, Kinder bis 17 Jahre 6 €
FKK-Strand 2 : T 09 310 16 91, Juni–Mitte Aug. tgl. 10–18 Uhr, 3,50 €, Kinder 1,50 € (mit Umkleidekabinen, WCs und Duschen)

KULINARISCHES FÜR ZWISCHENDURCH

Erfrischungen und Snacks bieten drei Kioske, für eine längere Pause empfiehlt sich das pittoreske **Café Mieritz** 1 nahe der Brücke (T 040 649 30 40, im Sommer tgl., sonst Sa/So 12–17 Uhr). 1890 gebaut, offeriert das Café guten Kaffee und Kuchen in historischem Ambiente.
Im Zentrum der Insel lockt das Restaurant **Seurasaaren Kruunu** 2 mit finnischer Küche in einem malerischen Gebäude von 1890 samt einem Café im Anbau von 1952 (T 044 77 32 120, https://seurasaarenkruunu.fi/en, im Sommer tgl. geöffnet, Öffnungszeiten saisonabhängig, siehe Website, Hauptgerichte 15–20 €).

GRILLEN & CHILLEN

Der **Grill auf dem Festivalgelände** 3 ist jedem jederzeit frei zugänglich. Vor allem an Sommerabenden ist das die perfekte Art, um den Tag entspannt ausklingen zu lassen. Auf dem eigenen Grill oder auf offenem Feuer ist Grillen allerdings verboten!

Cityplan: B–D 1–4 | **Bus** Nr. 24, ca. 20 Min. ab Stadtzentrum. Ausdauernde Wanderer können die Insel auch zu Fuß erreichen (Spaziergang von Hietaniemi aus)

Die Welt aus einem Ei

Ein besonderer Blickfang ist die **Kalevalakehto** **6**, ein moderneres, bootsförmiges Häuschen an der Spitze der Insel, das 2010 von Architekturstudenten aus Finnland und den USA errichtet wurde. Die Struktur des Gebildes, eine Kombination aus Holz, Stahl und Glas, soll an das finnische Nationalepos Kalevala erinnern, die Entstehung der Welt aus einem Ei, den Bootsbau des Helden Väinämöinen sowie das metallene, magische Artefakt Sampo. Die Lage am Wasser und die Verbindung von Alt und Neu verströmen eine meditative Ruhe. Eigentlich als temporäre Installation geplant, soll das mythologische Gebilde auf unbestimmte Zeit erhalten bleiben.

→ UM DIE ECKE

Auf dem benachbarten Inselchen **Pukkisaari** **7** (Bock-Insel) wurde 1998 ein Marktdorf aus der jüngeren Eisenzeit rekonstruiert. Jeweils am ersten Septemberwochenende wird der Marktplatz zum Leben erweckt: Wenn eisenzeitliches Handwerk und Essen angeboten und eisenzeitliche Kämpfe ausgetragen werden, fühlt man sich in die Zeit vor tausend Jahren zurückversetzt.

Auf der Festlandseite von Seurasaari ist die große rosafarbene **Villa Tamminiemi** **8** zu sehen, wo während der Regierungszeit von Präsident Urho Kekkonen (1956–81) Politik gemacht wurde. Der unvergessene ›große alte Mann‹ gilt als eine der auffälligsten Gestalten der internationalen Politik während des Kalten Krieges und er lebte hier bis zu seinem Tod 1986. Das Museum zeigt die Original-Einrichtung, Geschenke, die er als Präsident erhalten hat, und die Sauna, in der Leonid Breschnew, Willy Brandt und andere Staatsgäste mit Kekkonen schwitzten. Zur anderen, östlichen Seite kann man auf fast immer wassernahen Wegen zurück zum Stadtzentrum wandern – vorbei an einigen schönen Holzvillen und an **Mäntyniemi** **9**, dem Amtssitz des Staatspräsidenten. Dieser herrliche Gebäudekomplex aus viel Holz und Glas prangt seit 1993 an der Bucht Humallahti – seine Rolle als Schaltstelle der Macht in Finnland erbte er vom Präsidentenpalais am Marktplatz (▸ S. 25).

J JUHANNUS

Jedes Jahr zu Juhannus, am Freitag zwischen dem 20. und dem 26. Juni, strömen alle Helsinkier nach Seurasaari. Dann ist nämlich der Vorabend zum finnischen Mittsommer. Ursprünglich ein heidnisches Fest zu Ehren des Donnergottes Ukko, verlegte man das Datum später auf den Geburtstag Johannes des Täufers, daher der finnische Name Juhannus. Das Fest der Sommersonnenwende markiert das Ende des

Frühlings und den Beginn des Sommers. Seit 1954 ist Seurasaari das Zentrum der Feierlichkeiten, bei denen die alten Traditionen wachgehalten werden: Neben Tanz, Musik und Theateraufführungen ist das Anzünden des Mittsommerfeuers *(juhannuskokko)* der Höhepunkt des Festes. Der kürzesten Nacht des Jahres wurden früher magische Kräfte nachgesagt: Wenn Sie sich Blumen unter das Kopfkissen legen, träumen Sie vielleicht von Ihrem/ Ihrer Zukünftigen …

15

Wellenumkämpfte Festungsinsel – **Suomenlinna**

Als Verteidigungsstützpunkt wurde Suomenlinna von drei historischen Epochen geformt: Schweden, Russen und Finnen nutzten den Mini-Archipel als militärisches Bollwerk. Die grüne Festungsanlage ist darüber hinaus ein malerischer Ort, um einfach mal die Seele baumeln zu lassen.

Wer dem Getümmel der Stadt entkommen und ein bisschen historische Luft schnuppern möchte, ist hier genau richtig. Die Festungsinseln bilden ein populäres Naherholungsgebiet der Hauptstädter. Allein schon die Überfahrt mit Blick auf Großfähren, vorgelagerte Inselchen und die Silhouette Helsinkis lohnt den Ausflug. Mit ins Gepäck nehmen Sie: feste Schuhe und warme Klei-

Die mächtigen Granitquader an der Königspforte erzählen von der Zeit, als der Archipel Schwedens kriegerischer Vorposten war.

dung, da es größtenteils übers Kopfsteinpflaster geht und oft ein eisiger Wind weht, sowie evtl. eine Taschenlampe (oder Handy).

Ein Spiegel der Geschichte

Um die Ostflanke ihres Reiches gegen die Russen zu schützen, bauten bereits die Schweden den Mini-Archipel vor den Toren Helsinkis ab 1748 in ein militärisches Bollwerk um und nannten ihn Sveaborg (Schwedenburg). 1809 eroberten ihn die Truppen des Zaren und erweiterten ihn zu einer Garnisonsstadt. Seine dritte Epoche begann 1917 mit der finnischen Unabhängigkeit, seither heißt die Festung Suomenlinna (Finnenburg). Zwar verließ die letzte Garnison 1978 den Posten, doch sind die Spuren der martialischen Vergangenheit noch überall zu besichtigen. Seit 1991 zählt die Festung zum UNESCO-Weltkulturerbe.

Ob mit Fähre, Wasserbus oder Ausflugsboot – die kurze Passage nach Suomenlinna ist ein Erlebnis für sich.

Abgase raus!

Heutzutage beherbergen die restaurierten Festungsanlagen und Garnisonsgebäude Wohnungen, Werkstätten sowie Gaststätten und natürlich Museen, aus der Festung ist ein eigener Stadtteil geworden. Rund 800 Menschen leben hier ständig, Verbrennungsmotoren aber sind verpönt: Fußgänger und Fahrräder bestimmen das Straßenbild; seit 2017 gibt es sogar einen Fahrradtaxi-Service (Taksi Viapori, www.taksiviapori.fi).

Auf Wanderschaft

Die HSL-Fähre ankert an dem Ufer, das schon in russischer Zeit als Haupthafen diente. Daran erinnert noch das rosafarbene Kasernengebäude, in dem heute u. a. eine Mikrobrauerei mit Restaurant (Suomenlinnan Panimo), ein Café, die Galerie Rantakasarmi und die **Touristeninformation** 1 untergebracht sind. Dort erhält man eine Broschüre zu den Museen, Cafés und Wanderwegen. Die blaue Route durchquert auf 1,5 km die beiden größten Inseln von Nord nach Süd und vermittelt einen guten Eindruck von Suomenlinna.

Wenn Sie dem Wanderweg folgen, sehen Sie schon bald die 1854 erbaute **Suomenlinna-Kirche** 2 (Suomenlinnan kirkko). Ursprünglich eine russisch-orthodoxe Garnisonskirche, wurde sie in den 1920ern in ein schlichtes lutherisches Bethaus umgebaut. Einzigartig macht sie jedoch,

An schönen Sommertagen sollten Sie die Chance zu einem **Picknick** auf Suomenlinna nutzen. Einen kleinen Snack können Sie sich bereits vor der Abfahrt am Marktplatz oder aber im Lebensmittelgeschäft nahe dem Hauptpier der Insel besorgen.

► FÜHRUNGEN

Führungen in englischer Sprache bietet die Ehrensvärd-Gesellschaft: www.suomenlinnatours.com, Juni–Aug. tgl. 11, 13, 14.30, sonst Sa/So 13.30 Uhr, ca. 1 Std., 11 €, Kinder 4 €. Tickets gibt's am Suomenlinna-Museum. Segeltouren auf einem historischen Kriegsschiff ab 25 €, Kinder 15 €

dass sie gleichzeitig auch als Leuchtturm für Schiffs- und Flugverkehr dient.

Der moderne Komplex des **Suomenlinna-Museums** 3 (Suomenlinna-museo) bereitet auf zwei Etagen die Geschichte der Festung multimedial auf. Sehenswert ist der 25-minütige Kurzfilm zur Geschichte der Festung (auch auf Deutsch). Gleich hinter dem Museum führt eine lange Brücke von der Iso Mustasaari zur Nachbarinsel Susisaari, die einen mit mächtigen Docks und Bastionen begrüßt.

Das **Ehrensvärd-Museum** 4 (Ehrensvärd-museo) führt den Besucher zurück in die schwedische Epoche, als der Festungsgründer Augustin Ehrensvärd hier residierte. Der große Hof wurde als Hauptplatz

FÄHRE UND WASSERBUS

HSL-Fähre: ganzjährig 1–4 x pro Std. ab Marktplatz; www.hsl.fi/en, Einzelticket 2,80 €, bis 17 Jahre 1,40 €, unter 7 Jahren frei. Hier gelten Fahrkarten der Helsinkier Verkehrsbetriebe (HSL). **Wasserbus JT-Line:** nur von Mai–Sept. stdl. bzw. zu jeder halben Stunde ab Marktplatz; www.jt-line.fi, Hin-/Rückfahrt

Pikku-Musta
Lilla Östersvartö

Iso Mustasaari
Stora Östersvartö

Katajanokka

Länsi-Musta
Västersvartö

Susisaari
Vargön

0   300 m

8 €, bis 16 Jahre 4 €, unter 7 Jahren frei (Inselhüpfen-Ticket mit den Inseln Lonna und Vallisaari 12 €, Kinder 6 €, ► S. 84)

INFOS/ÖFFNUNGSZEITEN

Touristeninformation 1: T 0295 33 84 10, www.suomenlinna.fi, Mai–Sept. tgl. 10–18, sonst 10–16 Uhr. Auf der Website können Themenrouten kostenlos heruntergeladen werden.
Suomenlinna-Museum 3: Mai–Sept. tgl. 10–18, im Winter 10.30–16.30 Uhr, 8 €, bis 17 Jahre 4 €, unter 7 Jahren frei
Weitere Museen: in der Regel Mai–Sept. tgl. 11–17 Uhr, Preise um 5–7 €, Zollmuseum frei

KULINARISCHES FÜR ZWISCHENDURCH

In den Mauern des Kustaanmiekka-Forts versteckt sich das **Restaurant Walhalla** ❶, unterteilt in ein Gourmet- und ein Pizza- und Terrassenrestaurant, die kulinarische Top-Adresse (T 09 66 85 52, www.restaurantwalhalla.com, Gourmet Mo–Sa 16–24 Uhr, Pizzeria Mo–Sa 12–20, So 12–18 Uhr, Mai–Sept. geöffnet, Hauptgerichte 21–32 €). Im Pipers Park überzeugt das **Café Piper** ❷ (Juli/Aug. So–Fr 11–16.30, Sa 11–17/18 Uhr) bereits seit 1928 mit wundervoller Aussicht.

Cityplan: Karte 3 | **Boot** vom/zum Kauppatori und von/nach Katajanokka

der Festung angelegt, heute befindet sich hier das monumentale Grabmal Ehrensvärds. Auf der anderen Seite sieht man eines der ältesten noch betriebenen Trockendocks der Welt aus den 1760ern, in dem heute alte Holzschiffe restauriert werden.

Magisch!

Gleich hinter dem **Pipers Park** `5` (Piperin puisto) geht die Insel Susisaari in die Insel Kustaanmiekka über. Sie ist der idyllischste Teil des Archipels. Die leicht hügelige Landschaft erinnert ein wenig an das Auenland der Hobbits, die zahlreichen Kanonen, ein bekanntes Symbol Suomenlinnas, stammen noch aus der russischen Ära. Bei warmem Wetter verschafft der Strand auf der rechten Seite des Parks Abkühlung, bei schlechterem Wetter bietet die Picknickhütte Unterkunft. Sollte das Wetter es zulassen, können Sie sich auf den sonnengewärmten Felsen mit Blick auf das Meer zum Picknick niederlassen.

Wer das Abenteuer sucht, erforscht (mit Taschenlampe) die Tunnel, die die bis zu 5 m dicken Mauern der Festung durchziehen. Die Eingänge sind auf der Karte gekennzeichnet. Hier lässt sich hautnah erleben, wie es sich angefühlt haben muss, in den dunklen, feuchten Gewölben auf Patrouille zu gehen.

Am Ende des Weges steht das Fort **Kustaanmiekka** `6` (Gustavssärd), benannt nach dem schwedischen König Gustav III. Wenige Schritte dahinter endet die blaue Route an der monumentalen **Königspforte** `7` (Kuninkaanportti), die in schwedischer Zeit das Haupttor der Festung darstellte und mit Zugbrücken, Pier und Kanonen bestückt war. Wer sich den Weg zurück sparen möchte, nimmt vom Anleger aus den Wasserbus zurück nach Helsinki.

Romantik statt Kanonen – heute besucht man die Festung auch wegen des herrlichen Blicks auf die Stadt.

Eine Festung, Kanonen, das brausende Meer – perfekter Stoff für eine Fantasy-Geschichte? Das fand auch der »Game of Thrones«-Erfolgsautor George R. R. Martin. Die Niederlage der angeblich uneinnehmbaren Festung gegen die unterlegenen Streitkräfte der Russen 1809 gibt Historikern noch heute Rätsel auf und inspirierte Martin zu der Kurzgeschichte »Die Festung«, die in der Sammlung »Traumlieder« veröffentlicht wurde. Er war übrigens nicht der Erste – schon 1848 widmete J. L. Runeberg in seiner Gedichtsammlung »Fähnrich Stahl« der Festung Sveaborg ein gleichnamiges Gedicht, und beschrieb sie dort als »Königin der See«, die mit Augen aus Granit über das Meer blickt …

→ UM DIE ECKE

Vom Pipers Park ist ein Abstecher zurück zum Ostufer empfehlenswert, vorbei an drei **Bastionen** `8` mit einer Glasbläserei, einer Teestube und dem Sommertheater. Der Pfad endet am aufgebockten **U-Boot Vesikko** `9`, dem einzigen in Finnland erhaltenen U-Boot aus dem Zweiten Weltkrieg. Auch wenn es drinnen recht eng ist, lohnt es sich, in das Leben an Bord einzutauchen (Eintritt 7/4 €).

EINTRITTSKARTEN *in eine andere Welt …*
Neben dem Kiasma (▶ S. 37) gibt es in Helsinki reichlich andere Museen, hier einige meiner persönlichen Favoriten:

UND JETZT ENTSCHEIDEN SIE!

Stadtmuseum (Helsingin kaupunginmuseo)
Mo–Fr 11–19, Sa/So 11–17 Uhr
freier Eintritt

○ JA ○ NEIN

Der Weg durch das Museum ist gleichzeitig ein Gang durch die Vergangenheit: Stadtgeschichte wird hier erleb- und begreifbar, nicht zuletzt durch eine virtuelle ›Zeitmaschine‹.
📖 Karte 2, H 5, www.helsinginkaupungin museo.fi/en

WeeGee Ausstellungszentrum
Di, Sa/So 11–17, Mi–Fr 11–19 Uhr
12/10 €, unter 18 J. frei

○ JA ○ NEIN

Vier Museen unter einem Dach – die 5000 m² Ausstellungsfläche machen das WeeGee in Espoo zum größten Museum des Landes! Vor allem das moderne Kunstmuseum EMMA steht dem Kiasma in nichts nach.
📖 Karte 5, https://emmamuseum.fi

Didrichsens Kunstmuseum (Didrichsenin Taidemuseo)
Di–So 10–18, Mi/Do bis 20 Uhr, 16/14 €, unter 18 Jahren frei

○ JA ○ NEIN

In malerischer Lage auf der Insel Kuusisaari vereint das von Viljo Revell geplante Gebäude große Kunst und Architektur. Gleich daneben eine zweite Perle: finnische Kunstgeschichte in der Villa Gyllenberg.
📖 außerh. A 2, www.didrichsenmuseum.fi

Heureka
Ende Juni–Mitte Aug. Mo–Fr 10– 19, Sa/So 10–18, sonst Mo–Fr 10–17, Do bis 20, Sa/So 10–18 Uhr
22/15 €, unter 6 Jahren frei

○ JA ○ NEIN

Ein Museum zum Anfassen in einem futuristischen Bau in Vantaa. 100 technische Experimente aller Art für große und kleine Besucher. Also Zeit einplanen, z. B. auf dem Weg zum Flughafen.
📖 Karte 5, www.heureka.fi

Gallen-Kallela-Museum (Gallen-Kallelan Museo)

Mitte Mai–Aug. tgl. 11–18, sonst Di–So 11–16/17 Uhr
10/7/5 €, unter 18 J. frei

JA   NEIN

Die Jugendstilvilla, schön an einer Bucht im Vorort Tarvaspää gelegen, war Wohn- und Atelierhaus des berühmtesten finnischen Künstlers der Nationalromantik. Ein Muss, wenn man sich für Jugendstil interessiert.

außerhalb B 1, www.gallen-kallela.fi

Finnish Music Hall of Fame (Musiikki-museo Fame)

So–Di 11–18, Mi/Fr 10–19, Do 10–21, Sa 10–18 Uhr
25/15 €, 7–15 Jahre 12,50 €

JA   NEIN

Von Sibelius bis Nightwish – in der ›Ruhmeshalle‹ geben klassische wie populäre Musik gleichermaßen den Ton an. Ob mit Karaoke, Tanzen oder Dirigieren, der Besucher ist hier Akteur der finnischen Musikkultur.

außerh. F 1, https://musiikkimuseofame.fi

Mannerheim-Museum (Mannerheim-museo)

Fr–So 11–16 Uhr
12 €, unter 12 Jahren frei

JA   NEIN

Wer war der große alte Mann, der Finnlands Geschichte so lange geprägt hat? Das erfährt man in seiner Holzvilla, nicht ganz frei von nationalistischen Untertönen, drumherum der wunderschöne Kaivopuisto-Park.

H 6, www.mannerheim-museo.fi

Ainola

Mai–Sept. Di–So 10–17 Uhr
15/10/8 €, 7–16 Jahre 4 €

JA   NEIN

Ein Klassiker! Hier wohnten einst der Komponist Jean Sibelius und seine Frau Aino. Die von Lars Sonck entworfene Villa liegt romantisch in Järvenpää, nur eine halbe Stunde vom Stadtzentrum entfernt.

außerh. Karte 5, www.ainola.fi

Fazer Besucherzentrum (Fazer Vierailukeskus)

Führungen (auf Engl.) im Voraus online buchen
15,50/13,50 €

JA   NEIN

Helsinki von seiner Schokoladenseite: Auf einer einstündigen Führung erkunden Sie das hochmoderne Besucherzentrum des beliebtesten finnischen Nahrungsmittelfabrikanten, mit anschließender Verkostung.

Karte 5, www.visitfazer.com

Nicht nur für Regentage – Helsinkis Museen

Gut 60 Museen gibt es in Helsinki, für eine Stadt dieser Größe eine beachtliche Zahl. Der musealen Übermacht von St. Petersburg im Osten oder Stockholm im Westen ist man damit zwar nicht gewachsen, doch gerade darin liegt der Charme der hiesigen Museumslandschaft: Man will nicht mit den internationalen Schwergewichten konkurrieren und zeigt, was man selbst hat. Unser Tipp: Konzentrieren Sie sich bei der Auswahl der Museen auf diejenigen, die etwas präsentieren, was Sie woanders nicht zu sehen bekommen. Scheuen Sie sich dabei nicht, über die Stadtgrenzen hinauszublicken. Wer zum Beispiel eine der zahlreichen Ausstellungen zur finnischen Kunst- und Kulturgeschichte besucht, entdeckt noch so manches Juwel. Und in der Domäne des hiesigen Kulturlebens – moderne Kunst, Architektur und Design – braucht man sich auch hinter den ganz Großen nicht zu verstecken.

INFORMATIONEN

Internet
www.hel.fi/helsinki/de/kultur-freizeit
Preise und Ermäßigungen
Auch der Museumsbesuch ist in Helsinki teuer, aber nicht wenige Museen verlangen überhaupt keinen Eintritt: etwa das Stadtmuseum (▶ S. 80) mit seinen Dependancen – darunter das Straßenbahnmuseum (📖 E 2/3, www.ratikka museo.fi) und das Museum der Arbeiterwohnung (📖 G 2, workerhousing·museum.fi) – sowie das Designmuseum Arabia (▶S. 103), das Finnische Bankenmuseum (📖 Karte 2, H 5, www.rahamuseo.fi) und das Zeitungsmuseum (📖 Karte 2, G 5 www.paivalehdenmuseo.fi). In den meisten anderen Häusern ist der Zutritt an einem bestimmten Tag und/oder zu bestimmten Zeiten kostenlos: so an jedem ersten Fr des Monats im Kiasma (▶ S. 37) und im Architekturmuseum (▶ S. 81), Fr 16–18 Uhr im Nationalmuseum (▶ S. 39). Ganz eifrige Museumsgänger können ihre Kosten minimieren, indem sie sich die Helsinki Card besorgen (www.helsinkicard.com, ▶ S. 110).

Die Ausstellung »Don't shoot the messenger« im Designmuseum

Die schönste Architektur

Architektur und Design sind Helsinkis Markenzeichen – so wie Literatur für Dublin oder Samba für Rio. Schon in zaristischer Zeit folgte die Stadtplanung einem zukunftsorientierten Gesamtentwurf. Alvar Aalto setzte diese Tradition im 20. Jh. fort, und heute sind dessen Nachfolger dabei, Helsinkis Vorstädte als moderne, aber menschliche Quartiere zum Wohnen und Arbeiten zu konzipieren.

In Szene gesetzt
Finnisches Architekturmuseum (Arkkitehtuurimuseo)
🗺 Karte 2, G 6

Stadtarchitektur zu sehen, ist das eine, den großen Zusammenhang vermittelt dieses Museum, das auf der Rückseite des Designmuseums liegt. Der großartige dreistöckige Bau stammt von 1899, die ausgestellten Exponate sind jünger. Der Schwerpunkt des Museums liegt auf der Architektur und Stadtentwicklung des 20. Jh. Allerdings ist der Bestand recht bescheiden – es hängt also davon ab, was in der jeweiligen Themen- bzw. Wechselausstellung gezeigt wird.

Kasarmikatu 24, T 045 77 31 04 74, www. mfa.fi, Tram: 10, Di–So 11–18, Mi bis 20 Uhr, 10/5 €, unter 18 Jahren frei, Kombiticket mit Designmuseum 15 €

Helsinkis Wahrzeichen
Finlandia-Halle (Finlandiatalo)
🗺 F 4

Der an der Töölö-Bucht gelegene Komplex aus weißem Carrara-Marmor und grauem Granit wurde 1971 fertiggestellt. Die Halle trägt bis in kleinste Details die Handschrift ihres Erbauers Alvar Aalto. Wer sich für die Baugeschichte interessiert, kann sie außerhalb von Konzerten auch auf geführten Rundgängen besichtigen. Das Foyer und die Ausstellungen der Galerie Veranda sind aber auch ohne Eintrittsgeld frei zugänglich.

Mannerheimintie 13, T 09 402 41, www. finlandiatalo.fi, Tram: 4, 10, Info-Shop, Veranda-Café und Veranda-Galerie, Mo–Fr 9–19 Uhr, Führungen 16/11 €

Raum für Konzerte und Kongresse
Kulturhaus (Kulttuuritalo) 🗺 G 2

Zentrumsnah am Ende der Töölö-Bucht, unmittelbar neben dem Vergnügungspark Linnanmäki, ist die geschwungene Ziegelsteineinfassade unübersehbar. Alvar Aalto zeichnete den Komplex (1952–58) für die Kommunistische Partei, nach dem finanziellen Ruin der KPF wurde das überkuppelte Kulturhaus 1990 an den Staat verkauft. Nach wie vor werden hier Kongresse abgehalten und Konzerte gegeben. Jimi Hendrix, Led Zeppelin, Frank Zappa, AC/DC, Tina Turner, Metallica, Iron Maiden, Lady Gaga u. a. traten schon im Kulturhaus auf.

Sturenkatu 4, T 044 556 61 93, www.kulttuur italo.fi, Tram: 1, 3, 6, 7, 8, Bus 23 ab Bahnhof, das Foyer des Gebäudes ist zugänglich, Mo–Fr 8–16 Uhr, Führungen auf Engl. Juli/Aug., Gruppen auf Anfrage das ganze Jahr

Ü ÜBRIGENS

Alvar Aalto (1898–1976) ist der bekannteste finnische Architekt und Designer, einer der führenden Baumeister der Moderne. Beispiele seiner ›menschlichen‹ modernen Architektur findet man weltweit, vor allem auch in Deutschland. Aber natürlich ist Aalto hauptsächlich in Finnland vertreten, und hier besonders in Helsinki, dessen heutiges Aussehen er maßgeblich prägte.

Die schönste Architektur

Wo der Meister lebte
Alvar-Aalto-Haus (Alvar Aallon kotitalo) ⌂ B 1

Das 1936 vollendete Gebäude im Vorort Munkkiniemi diente dem Paar Aino und Alvar Aalto als Büro und als Wohnhaus. Die Architekturperle wurde bis in die Details durchgestylt. Die Verwendung einheimischer Materialien (vor allem viel Holz), die Terrasse und das Flachdach, viele innovative Ideen zur Gestaltung von Leben und Arbeiten, all das macht das Aalto-Haus zu einem Programmbau der Moderne. Im Museums-Shop kann man stöbern, ohne Eintritt zu zahlen.

Riihitie 20, T 09 481 350, www.alvaraalto.fi/en/location/the-aalto-house/, Tram 4 zur Station Laajalahden aukio in Munkkiniemi, dann zu Fuß auf der Laajalahdentie nach Westen, am Sportplatz rechts in die Riihitie einbiegen; nur auf Führungen, in der Regel Di–So mehrmals tgl. zu besichtigen (genaue Termine und Reservierungen online), 25/13 €, bis 18 Jahre frei

Aaltos Büro
Studio Aalto ⌂ außerhalb A 1

Sein Architekturbüro, nur einen kurzen Fußweg vom Wohnhaus entfernt, gilt als einer der besten Aalto-Bauten der 1950er-Jahre. Hier arbeiteten er und seine Mitarbeiter bis 1976. Das weiße, zweistöckige Haus mit seinem spitzen Dach, den großen Fenstern, indirekter Beleuchtung und dem interessant gestalteten Innenhof war ganz auf die Bedürfnisse eines damals schon weltbekannten Büros zugeschnitten – hier wurde gezeichnet, modelliert, präsentiert, konferiert, gemeinsam gegessen und Architekturgeschichte geschrieben.

Tiilimäki 20, www.alvaraalto.fi/en/location/studio-aalto/, Tram: 4 bis zur vorletzten Station Tiilimäki, dort der Straße etwa 400 m zu Fuß weiter folgen, nur auf Führungen, in der Regel Di–So zu besichtigen (genaue Termine und Reservierungen online), 20/10 €, unter 18 Jahren frei

Stilvoll essen & trinken
Restaurant Savoy ⌂ Karte 2, G 5

Architektur-, Design- und Gastronomie-Erlebnis in einem! Das seit 1937 unverändert Dachrestaurant ist top – was die Aussicht, die Qualität und leider auch die Preise anbelangt. Das Gebäude selbst ist ein achtstöckiger ›Industriepalast‹,

das Design in den oberen beiden Etagen stammt von Alvar und Aino Aalto. Möblierung und Beleuchtung wurden bis ins Detail durchkomponiert, hier ist auch der Ursprung der berühmten Savoy-Vase. Bekanntester Stammgast war Marschall Carl Gustaf Emil Mannerheim (1867–1951) – der für ihn reservierte Tisch ist noch zu sehen. Er gab dem Küchenchef das Rezept für das ›Vorschmack‹, heute ein Klassiker der finnischen Küche. Ebenfalls im Savoy erhältlich: Mannerheims spezieller Longdrink Marskin Ryyppy, gemixt aus Wein, Aquavit, Gin und Wermut. Von den hohen Restaurantpreisen abgeschreckt? Es geht auch preiswerter – schräg gegenüber im Café Aalto der Akademischen Buchhandlung (▸ S. 99), die ebenfalls Aaltos Handschrift trägt.

Eteläesplanadi 14, T 09 61 28 53 00, www.savoyhelsinki.fi, Tram: 2, 4, 5, 7, Mo–Fr 11.30–24, Sa 18–24 Uhr

Engels Meisterwerk
Finnische Nationalbibliothek (Kansalliskirjasto) ⌂ Karte 2, H 5

Für Viele das genialste Bauwerk des Berliner Architekten Carl Ludwig Engel (▸ S. 21). Das wunderbare Treppenhaus, der edle Lesesaal, der indirekte Lichteinfall – alles nicht nur schön, sondern zu seiner Entstehungszeit (1840–46) auch höchst innovativ. Engel hat den Prachtbau mit seiner flachen Kuppel an prominenter Stelle platziert: neben die Domkirche. Seit 2016 strahlt das Gebäude wieder in altem Glanz, es gibt ein nettes Café und interessante Wechselausstellungen – unbedingt anschauen!

Unioninkatu 36, T 02941 231 96, www.kansalliskirjasto.fi, Metro: Helsingin yliopisto, Tram: 2, 4, 5, 7, Mo–Fr 9–18 Uhr, Eintritt frei

Hort des Wissens
Universitätsbibliothek (Helsingin yliopiston kirjasto) ⌂ Karte 2, H 4

Nur 150 m nördlich erbte 2012 die neue Universitätsbibliothek ihre Funktion von Engels Vorgängerbau. Das ›Kaisa-Haus‹ des Architekturbüros Anttinen Oiva gibt sich mit seiner geschwungenen Fassade recht protzig, doch innen sorgen das Atrium – mit überraschenden Ausblicken auf die Stadt – mehrere Cafés und Sitzecken für nachhaltige Aha-Erlebnisse. Mit über 73 Regalkilometern, 33 000 elektronischen Zeitschriften und 350 000 E-Books ist es die größte wissenschaftliche Bibliothek des Landes.

Fabianinkatu 30, T 02 94 12 39 20, www.helsinki.fi/kirjasto/en, Metro: Helsingin Yliopisto, Mo–Fr 8–19.45, Sa 11–16.45 Uhr

Wohnzimmer der Stadt
Zentralbibliothek Oodi
Karte 2, G 4

Finnland ist die Nation der Bücherwürmer – zum 101. Unabhängigkeitstag 2018 schenkte das Land seinen Bürgern daher eine neue Bibliothek. Dabei spielen die gerade einmal 100 000 Bände, die die Regale schmücken, eigentlich eine untergeordnete Rolle. Primär ist dies ein Ort für jedermann, an dem man sich trifft, isst, spielt, plaudert, probt, arbeitet, kreiert und ja, vielleicht auch liest. Das Gebäude zeigt somit auf einzigartig finnische Weise, was *kirjasto* (Bibliothek) auch bedeuten kann, und weist den Weg für die Bibliothek der Zukunft. Zugleich ist das futuristische Meisterwerk des finnischen Architekturbüros ALA Architects neben Bauwerken wie der Kapelle der Stille, der Designsauna Löyly oder dem Allas

Sea Pool das beste Symbol für die neue Holzarchitektur Helsinkis.

Töölönlahdenkatu 4, T 09 31 08 50 00, www. oodihelsinki.fi, Metro: Rautatientori, Mo–Fr 8–22, Sa/So 10–20 Uhr, Eintritt frei

Aus Alt macht Neu
Arabianranta K 1

Anfang der 2000er errichtete man den nördlichen Stadtteil Arabianranta auf einer Brache mit historischer Bedeutung: Hier hatte Gustav I. Wasa 1550 den Grundstein für die Stadt Helsinki gelegt. Heute wird Arabianranta als Beispiel für die gelungene Verbindung von Gegensätzlichem gerühmt: Alt und Neu, Natur und Urbanität, Industrie- und Wohngebiet, Kunst und Technologie. Bekannt wurde es auch, weil das Quartier für den ersten finnischen Versuch steht, vom Kühlschrank bis zum Lebensmittelladen alles kabellos miteinander zu vernetzen. Vor allem aber ist das Viertel ein neues Zentrum der Kunst und des Designs: Bauherren müssen stets ein bis zwei Prozent des Budgets in Kunst investieren; Hier findet man auch die Hochschule für Kunst und Design und das Iittala & Arabia Design Centre (▶ S. 103) mit seinen Designer-Outlets und dem Arabia Museum.

https://arabianpalvelu.fi/en, Tram 6, 8

Aaltos Architektur-Credo am eigenen Haus umgesetzt: nicht gegen, sondern mit der Natur!

Pause. Einfach mal abschalten

Helsinki bietet vielfältige Möglichkeiten durchzu-atmen. Das gilt sowohl für grüne Flecken in der Stadt und die Wildnis wenige Kilometer außerhalb als auch für Ruheoasen in der urbanen Architektur. Die ›finnischste‹ Art der Entspannung: ein Saunagang samt Sprung ins Meer.

Reif für die Insel?
Lonna und Vallisaari
L 7, außerhalb L 8

Vor den Toren Helsinkis erstreckt sich eine malerische Insellandschaft mit über 300 Eilanden. Die neueste Attraktion Vallisaari (www.vallisaari.fi) ist mit ihren Befestigungsanlagen, Cafés und großartiger Natur eine echte Alternative zu Suomenlinna (► S. 74). Zwei ausgeschilderte Rundwege (3 und 2,5 km) führen zu den spektakulärsten Aussichtspunkten. Seit 2020 bringt die **Helsinki Biennale** (https://helsinkibien naali.fi) im Sommer internationale Kunst auf das Archipel. Von einer kriegerischen

ÜBRIGENS

Auch im **Stadtkern** sind hie und da kleine **Ruhepunkte** verteilt, an denen Sie zwischendurch Kraft schöpfen können: Von den Dom-treppen aus haben Sie z. B. einen wunderbaren Ausblick über den Senatsplatz und von oben können Sie die vorbeieilenden Menschen be-obachten. In der Universitätsbiblio-thek finden Sie vollkommene Ruhe an einem Ort des Wissens. Auf der Halbinsel Hietaniemi genießen Sie die Stille auf dem Friedhof oder Sie wagen vom beliebtesten Badestrand der Stadt, Hietaranta, einen Sprung ins kalte Wasser. Der beste Fluchtort vor dem Großstadtlärm jedoch ist die Kapelle der Stille.

Vergangenheit zeugt das winzige, kaum 150 m lange Inselchen Lonna (www. lonna.fi), das von der russischen Marine zur Lagerung von Minen und in der Nachkriegszeit zur Entmagnetisierung von Schiffen genutzt wurde. Neben einem Inselrestaurant sorgt eine öffentliche Sauna (Mai–Sept. Di–Sa, 16 €/2 Std.) für Entspannung.

Alle drei Inseln Vallisaari, Lonna und Suomenlinna mit dem Wasserbus Jt-Line von Mai bis Sept. per Insel-Hopping vom Marktplatz aus: www. jt-line.fi, 12 €, Kinder 7–17 Jahre 6 €

Wildnis vor den Toren der Stadt
Nuuksio   Karte 5

Was hat Finnland noch mehr als Wasser? – natürlich, Wald! Vor der Türschwelle der Hauptstadt breitet sich auf rund 53 km² der Nationalpark Nuuksio aus. Die wunderschöne Landschaft mit ihren schroffen Felshügeln und grünem Nadelwald ist nicht nur ein Paradies für Wanderer, das finnische Jedermannsrecht erlaubt es auch, nach Lust und Laune Beeren und Pilze zu sammeln, zu angeln und (an den vorgesehenen Stellen) zu grillen und zu campen. Das Naturzentrum Haltia bringt dem Besucher die Natur Finnlands in wechselnden Ausstellungen näher. Darüber hinaus gibt es hier ein Restaurant und Sie können Outdoor-Ausrüstung ausleihen, auch zahlreiche Aktivitäten werden angeboten. Nur 1 km von Haltia entfernt befindet sich ein Rentierpark. Doch auch Nuuksio selbst ist Heimat einer artenreichen Tierwelt. Wer weiß: Vielleicht sichten Sie ja sogar das Wappentier des Parks, das Europäische Gleithörnchen …

Mit Bus oder Bahn nach Espoo und von dort mit der Buslinie 245 bis zur Haltestelle Haltia. Infos und Karten unter www.nationalparks.fi/nuuksio und www.haltia.com, Aktivitäten unter www. naturaviva.fi und https://feelthenature.fi/de

Mit Elchen auf Tuchfühlung
Korkeasaari 🗺 K 4

Wer Elch, Bär, Vielfraß und Waldren auch bei einer Stadtbesichtigung nicht missen möchte, sollte einen Spaziergang auf der ›Hohen Insel‹ (Korkeasaari) unternehmen. In den weitläufigen Gehegen des Inselzoos können Sie einen Blick auf einige der insgesamt 150 Tier- und 1000 Pflanzenarten erhaschen – darunter nicht nur einheimische Exemplare, sondern auch schillernde Exoten. Mitsamt Panoramablick vom Aussichtssturm und Fährüberfahrt ist so ein Ausflug vor allem eins: tierisch entspannend.

Mustikkamaanpolku 12, www.korkeasaari.fi, Bus 16. Fähre: Mai–Sept. ab Kauppatori, Juni–Aug. ab Hakaniemi. Zoo: Juni–Aug tgl. 10–20, Mai u. Sept. 10–18, teilw. Sa/So 10–20, Okt.–April 10–16 (Okt., März, April auch Sa/So 10–18) Uhr, 14–18/10–12 €, Kinder von 4–17 Jahren 8–10 €, Abend- und Onlinetickets günstiger

Helsinkis grünes Herz
Keskuspuisto 🗺 ab D–G 1–4

Der bewaldete Zentralpark erstreckt sich von der Bucht Töölönlahti bis zur Nordgrenze Helsinkis. Er ist 10 km lang, über 100 Jahre alt und hat etwa 1000 ha Fläche – eine einzigartige Möglichkeit, die finnische Natur in der Stadt zu erleben. Die etwa 100 km Wanderwege, die ihn durchziehen, sind häufig mit Infotafeln bestückt und werden im Winter z. T. als Skiloipen genutzt. Einen richtigen Urwald mit üppiger Vegetation findet man im nördlichen Teil Haltiala, durch den sich der Fluss Vantaajoki schlängelt. Wer weiß, mit etwas Glück erhaschen Sie vielleicht sogar einen Blick auf einen Elch!

Der südliche Teil des Parks beginnt direkt hinter dem Hauptbahnhof, in den nördlichen Teil Haltiala gelangt man mit den Bussen 614/615

Im Reich der Pflanzen
Botanischer Garten (Kaisaniemi) 🗺 G 4

Hinter dem Grau des Hauptbahnhofs verbirgt sich üppiges Grün: Der botani-

Tropenfeeling auf nördlichen Breitengraden – in Kaisaniemi

sche Garten lockt vor allem im Sommer mit seiner farbenfrohen Rosenpracht. Im Winter trotzen die zehn Treibhäuser als warmer und lichter Rückzugsort der Kälte und Dunkelheit: Von den duftenden Nadelwäldern Finnlands reist der Besucher südwärts, durch tropische Dschungel und ausgedörrte Wüsten. Hier können Sie den größten Samen der Welt bestaunen. Oder die Santa-Cruz Riesenseerose: Sie kann mit einem Durchmesser von 2 m das Gewicht eines Erwachsenen tragen!

Kaisaniemenranta 2, www.luomus.fi/en/ kaisaniemi-botanic-garden, Tram: 3, 6, 7, 9, Metro: Hakaniemi und Helsingin Yliopisto, Treibhaus Di–Sa 10–17, Do bis 18, So 10–16 Uhr, 10/8/5 €, Kinder unter 7 Jahren Eintritt frei; Garten tgl. 9–20 Uhr, Eintritt frei

ÜBRIGENS

Mehr als ein Drittel der Fläche Helsinkis besteht aus Parks und Grünflächen. Auf der Website ›Green Hearts‹ (www.vihreatsylit. fi) können Sie die Geheimnisse der Parks selbst entdecken. Die schönsten Ausflugsziele findet man unter https://citynature.eu/en/helsinki.

Wie man sich bettet …

Wer reiste früher schon nach Helsinki? Geschäftsleute, Diplomaten und natürlich bei den olympischen Sommerspielen viele internationale Gäste. Für diese Klientel wurden Helsinkis Hotels gebaut. Kleine, gemütliche Pensionen für Individualreisende findet man deshalb so gut wie gar nicht.

Ab den 1980ern entstanden große, praktische und komfortable Häuser, die meist einer Kette (Sokos, Scandic) angehören. Erst seit jüngerer Zeit gibt es vermehrt Boutique- oder Art-Hotels, die mehr auf Individualität setzen.

In allen Unterkünften ist ein recht hoher Standard, aber auch ein hohes Preisniveau zu erwarten. Eine verbindliche Preisliste hat jedoch kaum noch ein Hotel in Helsinki. So kann man mit viel Glück selbst ein Zimmer im Fünfsterne-Edelklassiker-Hotel Kämp (▸ S. 29) zum Schnäppchenpreis ergattern. Die Faustregel, sich frühzeitig um eine Unterkunft zu kümmern, weil man so die besten Tarife kriegt, stimmt auch nur bedingt. Manchmal bekommen Sie die wahren Schnäppchen nur *last minute*!

Erstaunlich groß ist das Angebot an Ferienwohnungen oder Apartments! Damit bekommen Sie eine größere Wohnfläche und die Möglichkeit, sich das Essen kostengünstig selbst zu kochen. Auch bei Airbnb (www.airbnb.de) sind viele privat vermietete Unterkünfte zu finden, die oft zentral gelegen, modern eingerichtet und deutlich preisgünstiger sind als die Hotels.

SPAREN

Die finnischen Übernachtungspreise sind hoch, die in Helsinki besonders. Damit die Reisekasse nicht gesprengt wird, kann man den teuren Innenstadtbereich meiden. Die Hotels an der Peripherie, insbesondere in Espoo und Vantaa, sind deutlich billiger. Und die Anbindung an das öffentliche Verkehrsnetz ist meist vorzüglich.

AUF RABATTE ACHTEN

Auf den Hotel-Websites oder auch beim Hotelbuchungszentrum sollte man auf Rabatte achten, die phänomenal sein können, besonders an Wochenenden. Denn die teureren Hotels werden mehrheitlich von Geschäftsreisenden gebucht. Die aber pflegen am Wochenende eher zu Hause zu bleiben.

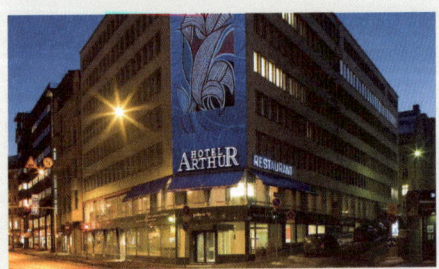

Keine Architekturperle: Die Fassade des Arthur ist typisch für einen Großteil der Helsinkier Hotellerie.

Quadratrisch, praktisch, gut
Both Helsinki 🏠 F 5
Eine Architekturperle ist das ehemalige Studentenwohnheim weder innen noch außen, und hohe Komfortansprüche sind ebenfalls fehl am Platz. Doch gerade Gästen mit kleinerem Budget kann es wärmstens empfohlen werden: Erstens liegt es absolut zentral, nur wenige Fußminuten vom Kamppi oder dem populärsten Sandstrand Helsinkis, ein Fahrradverleih liegt um die Ecke. Zweitens sind die Einzel-, Doppel-, Drei- und Vierbettzimmer (mit Dusche/WC) mit allem Wesentlichen ausgestattet, sogar eine Kitchenette gibt es. Drittens sorgen der 24-Stunden-Service, Einrichtungen wie Waschraum und Sauna sowie die freundliche, multikulturelle und umweltbewusste Atmosphäre für echtes Hotelgefühl. Und das Preis-Leistungs-Verhältnis ist einfach unschlagbar!
Hietaniemenkatu 14, T 09 13 11 43 34, https://chooseboth.fi, Tram: 2, Bus: 24, EZ ab 60 €, DZ ab 70 €

Die Lage ist alles
Hotel Arthur 🏠 Karte 2, G 4
Die Wurzeln des Arthur reichen bis 1907 zurück, doch das heutige Hauptgebäude stammt von 1957. Schmuck- und einfallslos präsentiert sich die Fassade, doch die Lage ist einwandfrei. 203 gut ausgestattete Zimmer von der einfachen Sparkategorie bis hin zum luxuriösen Jugendstil-Doppelzimmer in der 9. Etage. Sauna für 8 € pro Person und Stunde buchbar. Morgens und mittags serviert das Restaurant ein reichhaltiges Büfett.
Vuorikatu 19, T 09 17 34 41, www.hotelarthur.fi, Tram: 3, 9, 6T/6, Metro: Helsingin Yliopisto, DZ 100–240 €

Ruhig und gemütlich im Trendviertel
Hotel Anna 🏠 Karte 2, G 6
Eins der wenigen kleineren Hotels in Helsinki, dem man auch das Prädikat ›gemütlich‹ verleihen kann. Die Mittelklasseherberge liegt im quirligen Design District, 10 Gehminuten von der Esplanade entfernt. Jedes der 64 Einzel- und Doppelzimmer ist gut ausgestattet, z. B. mit Minibar, WLAN und Flach-TV. Außer mit seiner Lage kann das Haus mit einem guten Frühstücksbüfett und natürlich auch mit einer Sauna punkten.
Annankatu 1, T 09 61 66 21, www.hotelanna.com, Tram: 10, DZ 100–200 €

Design muss sein
Hotel Lilla Roberts 🏠 Karte 2, G 6
Wenn nicht hier, wo sonst? Das schicke Hotel im Art-Deco-Stil findet man im Herzen des Design-Distrikts in einem Gebäude aus dem Jahr 1909, nur einen kurzen Spaziergang von der Esplanade entfernt. Mit seinen 130 stylischen Zimmern ist das Boutique-Hotel gar nicht mal so „klein", wie der schwedische Name „lilla" Roberts es vermuten lässt. Finnische Spezialitäten gibt's im hoteleigenen Bistro-Restaurant Krog Roba, die Drinks hinterher in der Hotelbar Lilla E. Leihfahrräder und ein 24-Stunden-Fitnesscenter sind kostenfrei.
Pieni Roobertinkatu 1-3, T 09 689 9880, www.lillaroberts.com, Tram: 2, 10. DZ 150-250 €

Finnisches Flair in ›russischen‹ Räumen
Hotel Helka 🏠 F 5
Könnte auch in Russland sein … 1983 war es die Kulisse für das sowjetische Hotel Budapest im Thriller »Gorky Park«. Eigentlich heißt das schlichte, gepflegte Stadthaus aber Helka und liegt zentral in der finnischen Hauptstadt, in unmittelbarer Nähe zum Tennispalatsi und Kamppi-Komplex. Und gruselig ist hier auch nichts: Das Gebäude wurde Ende der 1920er von einer der ältesten Frauenorganisationen Finnlands errichtet und bot lange Zeit Frauen einen sicheren Hafen. Die Drei-Sterne-Herberge verfügt über 150 helle und geräumige Zimmer, die mit Möbeln von Artek oder anderen finnischen Designern ausgestattet sind. Beim nächtlichen Absacker in der Helka Baari sollten Sie einmal die Biere der lokalen Brauereien probieren. Und die Sauna? Die gibt's natürlich auch, im Helka sogar besonders schön im oberen Stockwerk untergebracht – mit Panoramablick und Dachterrasse zum Abkühlen.
Pohjoinen Rautatiekatu 23, T 09 61 35 80, www.helka.fi, Tram: 1, 2, 7, 9, Metro: Kamppi, DZ 110–200 €

In fremden Betten

Stylische Jugendstil-Burg
GLO Hotel Art Helsinki 🏠 Karte 2, F 6
Zu Recht hieß das 1903 erbaute Haus
einmal ›Linna‹, also Burg. Mit seinen
Granitquadern und dem Turm ist es eine
wahre Perle des nationalromantischen
Jugendstils, ein Eindruck, der im Innern
mit seinen Gewölben, dem Treppenhaus
und dem großen ›Jugendsali‹ bestätigt
wird. Die über 170 durchgestylten
Gästezimmer (in vier Kategorien), die
sich auf das historische Haupthaus und
zwei benachbarte Gebäude verteilen,
passen hingegen eher zum Design-
Distrikt, in dem die Unterkunft liegt. Viel
Ambiente also und viel Komfort – was
sich im Preis niederschlägt. Dafür dürfen
Sie ein sehr gutes Restaurant, eine
Sauna im Turm, viele Annehmlichkeiten
(z. B. Fahrradverleih) und aufmerksamen
Service erwarten!
Lönnrotinkatu 29, T 09 58 40 94 45,
www.glohotels.fi, Tram: 6, DZ 100–280 €

Inselträume
Hostel Suomenlinna 🏠 Karte 3
Für alle, die zwar günstig reisen, aber
einzigartige Atmosphäre auch bei
der Unterkunft nicht missen wollen!
Diese kleine Jugendherberge punktet
vor allem durch ihre phänomenale
Lage: Das Gebäude einer ehemaligen
Grundschule liegt auf der historischen
Festungsinsel Suomenlinna, nur einen
Steinwurf vom Haupthafen und 15 Fähr-
minuten vom Marktplatz entfernt. Die
40 Betten verteilen sich auf einfache,
aber reinliche 1- bis 10-Personen-Zim-
mer, in der Gemeinschaftsküche kann
man sich prima selbst versorgen – den
Supermarkt findet man gleich um die
Ecke. Vor allem dann, wenn die letzten
Tagesbesucher die Insel mit der Fähre
verlassen haben, ist der Aufenthalt ein
ganz besonderes Erlebnis: Von jetzt an
hat man die Bastionen und Geschütze,
die Brandung und die Klippen fast für
sich alleine. Fantastisch ist der Aufenthalt auch im Winter, wenn Suomenlinna
tief verschneit ist.
Suomenlinna C 9, T 09 68 47 471, www.hihostels.
com, HSL-Fähre und Wasserbus JT-Line, Betten ab
27, DZ ab 77 €

Hinter schwedischen Gardinen
Hotel Katajanokka 🏠 J 5
Wie der Name verrät, liegt dieses
Lifestyle-Hotel mitten auf der Halbinsel
Katajanokka. Dass es sich hinter einer
hohen Backstein-Mauer versteckt, hat
seinen besonderen Grund: Von 1837
bis 2002 dienten die Gemäuer dem
Hauptstadt-Distrikt als Gefängnis mit
Zellen für über 200 Gefangene. Die
im modernen skandinavischen Stil
umgebaute Herberge besitzt noch
etliche Reminiszenzen an diese Zeit,
darunter original eingerichtete Zellen
unten im Restaurant Linnankellari.
Ansonsten bietet das Katajanokka eine
bequeme und sehr ruhige Unterkunft
mit Fitness-Studio, Sauna, Fahrradverleih und einer schnellen Tramverbindung
ins Zentrum. Auf der Sommerterrasse
im alten Gefängnishof wird bei gutem
Wetter freitags Livemusik gespielt.
Merikasarminkatu 1a, T 09 68 64 50, www.
hotelkatajanokka.fi, Tram: 4, DZ 140–250 €

Helsinkis erstes Designhotel
Klaus K. Hotel 🏠 Karte 2, G 5
Im magischen Dreieck von Esplanade,
Mannerheimintie und Erottaja wurde
1882 die Deutsche Schule für Mädchen
eingeweiht, die wiederum Lars Sonck
1912 zu einem Hotel umbauen ließ.
Als es 2005 neueröffnet wurde, galt
das Klaus K. als erstes Designhotel
Finnlands. Alle 171 Zimmer sind bestens
und individuell ausgestattet und mit
mystischen Namen versehen. Und wenn
Geld keine so große Rolle spielt, ist die
Übernachtung in einer der drei Loft-Sui-
ten ein Erlebnis der besonderen Art.
Durchgestylt sind auch das Fitness-Studio und die gastronomischen Bereiche:
das italienische Gourmet-Restaurant
Toscanini, das Frühstücksrestaurant
sowie die Lounge-Bar.
Bulevardi 2–4, T 020 770 47 00, www.klausk
hotel.com, Tram: 1, 3, 6, 10, DZ 140–250 €

Design mit Herz
Hotel Indigo 🏠 Karte 2, G 6
Das umweltfreundliche Boutiquehotel
spiegelt seine kreative Umgebung auch
im Interieur wider: Zentral auf dem

Die Bar Runar des Hotels F6 wurde auch nach dem Architekten Runar Finnilä, aber hauptsächlich nach dem hauseigenen Hund benannt.

Bulevardi im Design-Distrikt gelegen, sind die 120 modernen Zimmer mit Wandgemälden lokaler Künstler und finnischen Designprodukten geschmückt. Das hauseigene Restaurant Bröd hält, was der Name verspricht: Auf der Karte stehen europäische Küche und finnische Köstlichkeiten, aber am besten schmeckt noch immer das frisch gebackene Brot (schwed. *bröd).* Hier können Sie sich morgens an dem reichhaltigen Frühstücksbüfett stärken, mittags mit einem Leihfahrrad die Stadt erkunden und abends in Sauna oder Dampfbad entspannen.
Bulevardi 26, T 09 47 84 00 00, www.hotelindigo. com, Tram: 1, 3, 5, DZ 110–210 €

Ein Hotel-Hund namens Runar
Hotel F6 🏨 Karte 2, H 5
Die familiengeführte und mit 66 Zimmern verhältnismäßig kleine Herberge legt großen Wert auf Qualität und Nachhaltigkeit: Der Strom ist grün, die Materialien edel und die Kräuter kommen aus dem eigenen Gewächshaus. Die Zimmer sind im Boutique-Stil eingerichtet und mit allen Annehmlich-

keiten ausgestattet. Wenn morgens vor den Augen der Gäste das Frühstück frisch zubereitet wird, kommt man gut in den Tag. Anschließend kann man sich eines der hoteleigenen Fahrräder ausleihen, was angesichts der Top-Lage (in einer Nebenstraße der Esplanade) aber eigentlich gar nicht notwendig ist. Kulturtouristen finden in unmittelbarer Nähe Galerien und Museen, Shopping-Enthusiasten kommen in den benachbarten Malls auf ihre Kosten und alle Sehenswürdigkeiten des Zentrums sind fußläufig zu erreichen. Durchatmen kann man im schattigen Park der Alten Kirche und relaxen vis-à-vis im wunderschönen Jugendstilbad. Abends beschließt man den Tag in der Bar Runar, benannt nach dem Architekten Runar Finnilä. Das schicke Hotel punktet außerdem mit einem modernen Fitnessraum, einem gemütlichen kleinen Innenhof und mit engagiertem Personal, ist dafür aber auch nicht gerade preiswert!
Fabianinkatu 6, T 09 68 99 96 66, www.hotelf6. fi, Tram: 2, DZ 160–220 €

RESTAURANT-TAG

Das beste Beispiel für die finnische Experimentierfreude und Street-Food-Affinität ist der viermal jährlich stattfindende **Restaurant Day** (www.restaurant day.org), der 2011 in Helsinki seinen Ursprung hatte und seitdem weltweit Verbreitung findet. An diesem Tag kann jeder überall sein eigenes Pop-up-Restaurant eröffnen und die Stadt in ein kunterbuntes und vielfältiges Schlaraffenland verwandeln.

NASCHKATZEN

… werden nicht an der finnischen Version der **Zimtschnecken,** den *korvapuustit* (wörtl.: Ohrfeigen) vorbeikommen. Die besten **Süßigkeiten** Finnlands stammen von der Marke Fazer, darunter die blaue Fazer-Schokolade und das salzige Lakritz Salmiakki.

Ohrfeigen für Naschkatzen

Einst eine gastronomische Wüste, wimmelt es in Helsinki mittlerweile von Restaurants, die die ganze weite Welt hierher bringen. Dazu verströmen lappländische Spezialitätenrestaurants den Reiz des Exotischen.

Die Lage zwischen Ost und West hat auch auf der Speisekarte ihre Spuren hinterlassen. Zum Erbe der Schweden gehören die marinierten Heringe, die Hausmannskost *pyttipannu* aus gebratenen Kartoffeln, Zwiebeln und Speck sowie das traditionelle Krebsessen. Die Pirogge *(piirakka)* stammt aus der finnisch-russischen Traditionslandschaft Karelien. Die herzhaften Teigtaschen mit Kartoffel oder Reis kann man günstig im Supermarkt kaufen – ein prima Snack für zwischendurch! Generell bevorzugen die Finnen eine saisonal geprägte Küche aus dem, was Wald (Beeren, Pilze, Rentierfleisch) und Meer (Fisch, Meeresfrüchte) hergeben. Ein allgegenwärtiges Grundnahrungsmittel ist das Roggenbrot *(ruisleipä)*.

Nach der Sauna essen die Finnen am liebsten eine Wurst *(makkara)*, die sie mit einem Bier *(olut)* hinunterspülen. Und wenn man vom Teufel spricht: Die Finnen sind berühmt-berüchtigt für ihren Alkoholkonsum. Wegen der enorm hohen Preise für Alkoholika und des Monopols der staatlichen Alko-Läden spart man sich diesen Genuss oft für das Wochenende auf, holt dann aber alles nach – mit den absehbaren Folgen.

Rentier (›poro‹) in Dosen

SO BEGINNT EIN GUTER TAG IN HELSINKI

Brunchen mit Aalto
Dylan Marmoripiha 🕐 Karte 2, G 5
›Dylans‹ gibt es mittlerweile viele in der
Stadt, doch nur das Marmoripiha hat sich
in einem von Alvar Aalto entworfenen Gebäude eingerichtet. Das minimalistische
Interieur des ›Marmor-Atriums‹ steht natürlich ganz im Zeichen des Architekten.
Am besten kommt man am Wochenende
zu einem späten Brunch, denn das
wechselnde Büfett bietet alles, was das
Herz begehrt: Ob warm oder kalt, hier ist
garantiert für jeden etwas dabei.
Keskuskatu 3 A, 2. Etage, T 040 772 86 77,
www.dylan.fi/marmoripiha, Tram: 2, 4, 5, 7,
Lunch (11,90 €) Mo–Fr 10.30–14, Brunch
(19,90 €) Sa/So 11–15 Uhr

Kaffee-Eldorado
La Torrefazione 🕐 Karte 2, G 5
In dem kleinen, versteckten Coffee-Shop
im Herzen der Stadt gibt es nicht nur
ausgezeichneten Fair-Trade-Kaffee für
eine echt finnische *kahvipaussi*, sondern
auch ein tolles Frühstück (13,50 €) oder
einen Wochenendbrunch (19,50 €).
Aleksanterinkatu 50, T 094 289 06 48, www.
latorre.fi, Tram: 2, 4, 5, 7, Mo–Fr 7.30–20,
Sa 9–19, So 10–18.30, Frühstück Mo–Fr
7.30–10, Brunch Sa 9–13, So 10–14 Uhr, Lunch
10–14 €

Here comes the Sunn
Sunn 🕐 Karte 2, H 5
Extravagantes Brunchbüfett (23 €) in ei-
nem der ältesten Gebäude Helsinkis: von
Croissants und Joghurt bis hin zu Hering,
Hähnchen und Kuchen. Soll es richtig
edel sein, mundet ein Prosecco oder Wein
dazu. Währenddessen können Sie das
Treiben auf dem Senatsplatz betrachten.
Ideal für einen entspannten kulinarischen
Start in den Tag. Da geht doch gleich die
Sonne auf …
Aleksanterinkatu 26, 2. Etage, T 010 231
28 00, www.ravintolasunn.fi, Tram: 2, 4, 5, 7,
wechselnde Öffnungszeiten (siehe Website),
Brunch Sa/So 10–16 Uhr, Hauptgericht 22–30 €

Mampfen im Markt
Moko Market 🕐 F 6
In dem backsteinroten Industriegebäude
gibt es inmitten all des Vintage- und De-
ko-Allerleis eines Einrichtungsgeschäftes
ein kleines Café, das seit 1991 von zwei
Schwestern betrieben wird. Der leckere
Samstagsbrunch (19,90 €) überzeugt
mit einer großen Auswahl an regionalen
und biologischen Produkten. Mit einem
selbst gemachten Smoothie in der Hand
lässt es sich in der lockeren Atmosphäre
einer umgestalteten Lagerhalle prima
entspannen.
Perämiehenkatu 10, T 010 315 61 56, www.
moko.fi, Tram: 1, Mo–Fr 8–17, Sa 10–16 Uhr,
Frühstück 12,50 €, Lunch 9–12,50 €

Tim & Struppi im Waschsalon
Tin Tin Tango 🕐 F 3
Wer die Abenteuer der belgischen
Comicfigur Tim (im Original Tintin) mag,
ist hier genau richtig. Das charaktervolle
Café bietet aber noch viel mehr: Ein
heißer Tipp für Langschläfer sind z.B. die
reichhaltigen kontinentalen Frühstücks-
kombis, die es – welch ein Glück – von
morgens bis abends gibt. Abends wird
das Café mit den Cartoon-Klassikern
an der Wand zur Bar. Und es geht noch
multifunktioneller: Ganz hinten steht
tatsächlich eine Waschmaschine. Wenn
Sie also dringend Ihre Wäsche auffri-
schen müssten, dann nichts wie hin!
Töölöntorinkatu 7, T 09 27 09 09 72, www.tin
tintango.fi, Mo–Fr 7–22, Sa 9–22 Uhr, Frühstück
6–13 €

Frühstück bei Fazers
Fazer Café 🕐 Karte 2, G 5
Ein echter Geheimtipp ist das Frühstück im noblen Kaffeehaus Fazer!
Wer von der Aleksanterinkatu über
die Kluuvikatu wieder zurück zur
Esplanade bummelt, passiert linker
Hand die auffällige, schwarze Fassade
des renommierten Cafés, das 1930
mit viel Marmor errichtet wurde. Von
7.30 bis 10.30 Uhr kann man hier für
einen angemessenen Preis (14,90 €)
ausgelassen schlemmen: Das großartige
Büfett bietet nicht nur eine Vielfalt an
Getränken, Brotsorten, Fruchtsalat etc.,

sondern auch die hauseigenen Torten. Für Langschläfer gibt's am Wochenende einen Brunch (9/10–12 u. 12.15–14 Uhr, 29,90 €). Der Delikatessenladen lockt zudem mit einem reichhaltigen Sortiment an Brot, Torten, Gebäck sowie mit der berühmten Fazer-Schokolade und weiteren Süßigkeiten.

Kluuvikatu 3, T 020 729 67 03, www.fazer.fi, Tram: 2, 4, 5, 7, Mo–Fr 7.30–22, Sa 9–22, So 10–18 Uhr, Suppenbüfett zum Lunch ab 10,50 €

....
WO ESSEN AUF NACHHALTIGKEIT TRIFFT
....

Frisch und nachhaltig
Yes Yes Yes Karte 2, G 6
An der Ecke zur Iso Roobertinkatu befand sich früher ein McDonalds – heute gibt es hier alles andere als Fastfood! Das kleine Restaurant serviert mit seinen vegetarischen Gerichten, saisonalen Zutaten und bunten Cocktails eine gute Portion Energie für den Tag. Farbenfroh, frisch und vor allem nachhaltig!

Iso Roobertinkatu 1, T 09 61 28 51 30, www. yesyesyes.fi, Tram: 10, tgl. 12–23 Uhr, 10–15 €

Mämmi, ein gebackener, kalt servierter **Malzpudding,** gilt als eine Art **Nationalgericht** der Finnen. Er wird traditionell an Karfreitag gegessen, weil man früher an diesem Tag nicht kochen durfte. In diesem Fall isst das Auge ausnahmsweise mal nicht mit – ein amerikanischer Gesandter soll nach dem Zweiten Weltkrieg ganz entsetzt gewesen sein, weil er dachte, die Finnen äßen ihre eigenen Exkremente … Auch in Finnland ist die Osterspezialität nicht jedermanns Sache: Meist wird sie mit Sahne und Zucker serviert, um den starken Roggengeschmack etwas abzumildern.

Back to the roots
Juuri Karte 2, G 6
Kreativität kombiniert mit natürlichen, regional produzierten und biologischen Zutaten ergeben ein innovatives kulinarisches Erlebnis: Spezialität des Hauses sind die berühmten Sapas (8,20 €/Portion), finnische Tapas in verschiedenen Größen und Geschmacksrichtungen. Die Appetithäppchen repräsentieren einen Querschnitt der traditionellen finnischen Küche und bringen die Geschmacksknospen zum Erblühen. Die Meisterköche verstehen sich als Archäologen, die die eigene Geschichte und Essenstraditionen erkunden und auf eine völlig neue Art darbieten. Die Philosophie: zurück zu den Wurzeln (finnisch: *juuri*).

Korkeavuorenkatu 27, T 09 63 57 32, www.juuri. fi, Tram: 10, tgl. 17–23 Uhr, Hauptgericht 23–28, Menü 55–58 €

Grünes Gemüse
Zucchini Karte 2, H 5
Der Name ist ein Understatement: Viel Gemüse, aber nicht nur Zucchini gibt es hier. Unweit der Esplanade findet man das zentral gelegene, kleine und heimelige Restaurant. Die Besucherzahlen sprechen für sich: Oft ist es hier so brechend voll, dass man kaum einen Sitzplatz bekommt. Das täglich wechselnde Mittagessen glänzt mit großen Portionen zu guten Preisen, leider ist das Restaurant nur unter der Woche und auch nur zur Mittagszeit geöffnet. Das Menü steht zwar nicht auf Englisch auf der Karte, das Personal hilft bei Verständnisproblemen aber gerne weiter.

Fabianinkatu 4, T 09 622 29 07, Tram: 2, Mo–Fr 11–16 Uhr, 10–12 €

Bunt und lecker
OmNam Karte 2, G 5
Frisch, vielseitig, köstlich: An Wochentagen gibt es hier ein wechselndes vegetarisches Mittagessen mit Suppen, warmen Gerichten und einem bunten Salatbüfett. Vegane Speisen sind extra gekennzeichnet, außerdem ist vieles glutenfrei, bio und regional. Auch internationale Speisen wie das südindische Dosa mit Sambar oder ein ayurvedisches

Heimelige Atmosphäre in kleinen Cafés wie dem Regatta – ein Gegenentwurf zu den durchgestylten Lounges der Innenstadt.

Brunch (28 €) stehen auf der Karte. Das Café lockt mit täglich wechselnden süßen und herzhaften Produkten, ein Schwerpunkt liegt auf den beliebten Rohkostkuchen.

Annankatu 29 B (Innenhof), T 050 374 40 45, www.omnam.fi, Tram: 6, 7, 9, Metro: Kamppi, Mo–Fr 11–15 & 17–22.30, Sa 12–22.30 Uhr, Hauptgericht 14,50–16 €

BEST OF

Für einen guten Start in den Tag empfehlen sich besonders die Frühstücksbüfetts im **Café Fazer** (▶ S. 91) und im **Café Ekberg** (▶ S. 43). Die schönsten Orte, um in aller Ruhe eine finnische *kahvipaussi* zu genießen, sind das **Café Regatta** (▶ S. 65), das **Café Engel** (▶ S. 22), das **Café Kiasma** (▶ S. 39), und das **Café Ursula** (▶ S. 60). Zu den besten Restaurants zählen **Aaltos Designrestaurant Savoy** (▶ S. 82), das **Walhalla** (▶ S. 76) auf Suomenlinna und das **Kappeli** (▶ S. 28) auf der Esplanade. Räucherspezialitäten gibt's im **Savu** (▶ S. 52).

Kaffee- und Teetempel
Johan & Nyström H 5

Kaffee-Liebhaber werden direkt hinter der Uspenski-Kathedrale mit einer großartigen Auswahl an Tee und Kaffee sowie süßem und herzhaftem Gebäck verwöhnt. Einst soll sich hier der Pferdestall des Zaren befunden haben, heute kombiniert das gemütliche Café urlges Holz und Backsteinambiente mit modernem Design. Der qualitativ hochwertige Kaffee wird direkt vom Produzenten angekauft.

Kanavaranta 7 C, T 040 562 57 75, Tram: 4, 5, Mo–Fr 9–18, Sa und So 10–17 Uhr, Kuchen 3–9 €

INSTITUTIONEN UND SZENETREFFS

Esplanade live
Café Strindberg
 Karte 2, G 5

Das gediegene Café-Restaurant in nobler Umgebung hält den Geist der traditionsreichen Kaffeehauskultur im sonst so neumodischen Helsinki wach. Eingebunden in die Kämp Galleria (▶ S. 100) und mit großen Fenstern zur nördlichen Esplanade hin, ist dies ein populärer Ort, um bei Kaffee und Kuchen – eventuell auch mit einem kleinen Smørrebrød – zu sehen und gesehen zu werden. Ein Stockwerk höher serviert das Restaurant mediterran-finnische A-la-carte-Gerichte, für die Flusskrebse und Jakobsmuscheln, Mozzarella und Ziegenkäse, Fleisch und Fisch verarbeitet werden. Hohe Qualität und exklusives Ambiente lässt man sich allerdings auch etwas kosten.

Pohjoisesplanadi 33, T 09 61 28 69 00, www.strindberg.fi, Tram: 1–7, 10, Café: Mo/Di 11–20, Mi–Fr 11–21, Sa 10–21, So 12–18 Uhr, Kuchen 4–9 €; Restaurant: Mo/Di 11.30–15, Mi/Do 11.30–22, Fr 11.30–23, Sa 14–23 Uhr, Hauptgericht 25–35 €

Blaue Sommervilla im Grünen
Café Sininen Huvila 🍴 G 3

Die ›blaue Villa‹ ist ein liebliches kleines Draußen-Café, das nur einen kurzen Fußmarsch vom Stadtzentrum entfernt in der malerischen Umgebung von Linnunlaulu (Vogelgesang) liegt. Inmitten der Holzvillen aus dem 19. Jh. finden Sie nicht nur eine große Auswahl an köstlichen Zimtschnecken und anderem Gebäck, sondern genießen auch eine großartige Aussicht auf Helsinki. Da man hier draußen sitzt, sind die

---

FOOD ON TOUR

Liebe geht durch den Magen – auch die zu einer Stadt! Bei einem kulinarischen Spaziergang erfahren Sie alles, was Sie über die Finnen und ihr Essen immer schon mal wissen wollten. Bei **Heather's** probiert man sich ›mit der Gabel in der Hand‹ in rund 5 Stunden und über 5 km quer durch die Stadtgeschichte. Mit 89 € ist der Preis zwar etwas happig, dafür ist man nachher aber auch garantiert satt (www.heathershelsinki.com).

Öffnungszeiten vom Wetter abhängig. Aber der Besuch lohnt sich ohnehin vor allem an sonnigen Tagen, wenn man ihn mit einem Spaziergang entlang der beliebten Fahrrad- und Joggingrunde

um die grüne Töölönlahti-Bucht verbinden kann.

Linnunlauluntie 11H, T 050 502 11 15, www.sinisenhuvilankahvila.com/en, Tram: 1, 8, Juni–Aug. tgl. 10–22 Uhr, Kuchen 2–6 €

Echt finnisch
Kolme Kruunua 🍴 Karte 2, H 4

Diese Gaststätte nördlich des Zentrums ist eine der wenigen, die sich fast unverändert durch die Zeit gerettet haben. 1928 ursprünglich als Café gegründet, wurden die ›drei Kronen‹ 1952 zum Restaurant. Das Interieur wirkt denn auch sympathisch altmodisch und ist fernab heutiger Trends. Auch das Essen – solide finnische Gerichte wie gebratener baltischer Hering, Pyttipannu oder Fleischbällchen (angeblich die besten der Stadt!) – und die Preise passen in diese Umgebung. Wenn die Küche um Mitternacht schließt, geht der Kneipenbetrieb noch eine ganze Weile weiter.

Liisankatu 5, T 09 135 41 72, www.kolmekruunua.fi, Tram: 7, Mo–Fr 16–24, Sa/So 14–2/1, Küche bis 24 Uhr, Hauptgericht 19–35 €

Rundbau mit Aussicht
Café Carusel 🍴 G 7

Der Rundbau an der Merisatama-Bucht mit einer der beliebtesten Terrassen mit Meerblick bietet sich zur Einkehr bei Wanderungen an der Küste entlang an. Vor dem Gebäude starten Boote zu den Inseln, dahinter erstrecken sich der Kaivopuisto-Park und das Jugendstilviertel Eira. Man bekommt Kaffee, Kuchen, Salate, Sandwiches und Leckeres zum Lunch (11–14 Uhr). Im Sommer genießt man hier die Sonne, im Winter die leckeren Zimtschnecken samt heißer Schokolade.

Merisatamanranta 10, T 09 622 45 22, www.carusel.fi, Tram: 1, wechselnde Öffnungszeiten, i. d. R. tgl. 11–20 Uhr, Hauptgericht 13–18 €

Atemberaubender Meerblick
Saaristo 🍴 J 6

In einer lichtdurchfluteten Restauranthalle mit Rundum-Meerblick – so speist man bei einem Ausflug zum Saaristo (Archipel) auf der Insel Klippan. Nach einer fünfminütigen Bootstour bietet die weiße Art-Nouveau-Villa ebenso faszinierende Impressionen wie das skandinavische Menü. Besonderes Augenmerk: Am 22. Juli startet die Krabbensaison!

Klippan, T 09 7425 5590, Boot vom Saaristo-Pier, Ehrenströmintie 13, Abfahrt zur vollen Stunde und alle 20 Min, im Sommer Di–Fr 17–23 Uhr, 32–70 €

Künstlertreffpunkt
Kosmos Karte 2, G 5

Das legendäre Restaurant wird seit seiner Eröffnung im Jahr 1924 von derselben Familie betrieben. Seit den 1950er-Jahren hat das Kosmos einen Ruf als Lokal der Boheme, vor allem Schriftsteller machten es zu ihrem ›Wohnzimmer‹ – und bis heute ist das Kosmos Künstlerrestaurant geblieben. Die Einrichtung ist hell und elegant, die Küche lebt von innovativer finnischer Kochkunst wie von den Klassikern: Wiener Schnitzel, Vorschmack und eingelegter Hering. Dafür lohnt sich die kulinarische Expedition ins Kosmos unbedingt.

Kalevankatu 3, T 09 64 72 55, www.kosmos.fi, Tram: 1, 3, 6, 10, Mo–Fr 11.30–1, Sa 16–1 Uhr, Hauptgericht 17–34 €

Panoramablick und Meer …
Meripaviljonki G 3

Der ›Meerespavillon‹ in Hakaniemi ist allein schon vom Architektonischen her ein Genuss: Das an der Bucht Eläintarhanlahti liegende Restaurant bietet mit seiner Glasfassade eine großartige Aussicht auf das Wasser. Doch auch kulinarisch hält es, was sein Name verspricht: Fisch, Meeresfrüchte und Hummer dominieren die Speisekarte, und auch beim opulenten Sonntagsbrunch (ca. 33 €) fehlt der Geschmack der See natürlich nicht.

Säästöpankinranta 3, T 020 742 53 20, www.ravintolameripaviljonki.fi, Metro: Hakaniemi, Tram: 3, 6, 7, 9, Mo–Fr 11–22/23, Sa 14–23, teilw. So 14–23 Uhr, Hauptgericht 22–32 €

Finnisch zu fairen Preisen
Konstan Möljä F 6

Schlicht, aber lecker: Hausgemachtes,

Männer sind ›mies‹: Dass das Finnische so gar nichts mit anderen europäischen Sprachen zu tun hat, begreift man nicht nur beim berühmten *yksi, kaksi, kolme* (eins, zwei, drei). Die bizarren Aneinanderreihungen von Doppelvokalen und -konsonanten auf Straßenschildern und Werbetafeln lassen den Sinn dahinter kaum erahnen. Und welche Toilette soll man in der Kneipe wählen, wenn man sich zwischen ›M‹ und ›N‹ entscheiden muss? Die Lösung: Der finnische Mann heißt *mies* und die Frau *nainen*.

traditionell finnisches Essen findet man sonst nur in teuren Sternerestaurants. Hier jedoch gibt es Ren, Lachssuppe, Fleischbällchen, eingelegten Hering und die von den Finnen so geliebten Kartoffeln in allen denkbaren Variationen zu bezahlbaren Preisen, entweder à la carte oder als All-you-can-eat-Abendbüfett (Di–Do 22 €, Fr/Sa 26 €). Einfach köstlich ist ›Vorschmack‹, eine Speise aus Lamm und Anchovis. Ziel der Besitzer ist es, auch den Jüngeren das traditionelle finnische Essen näherzubringen. Das ist ihnen wohl gelungen: Das rustikale Ambiente mit viel Holz und maritimen Erinnerungsstücken lädt zu einer Zeitreise ins alte Finnland ein.

Hietalahdenkatu 14, T 09 694 75 04, www.konstanmolja.fi, Tram: 6, 7, 9, Di–Fr 11–14.30, Di–Do 16–22, Fr–Sa 16–23 Uhr

Mondsüchtig?
Kuu F 3

Die Einrichtung des Kuu (= ›Mond‹) entspricht der Küche: Beide sind klar und einfach gehalten. Das sollte jedoch nicht darüber hinwegtäuschen, dass das Kuu ein echtes Spitzenrestaurant ist. Serviert werden finnische Klassiker und skandinavische Speisen mit modernem Touch, dank natürlicher Zutaten entfalten sich köstliche Aromen. Große Auswahl an Weinen.

Töölönkatu 27, T 09 27 09 09 73, www.ravin tolakuu.fi; Tram: 2, 4, 5, 10, Mo–Sa 16–23 Uhr, Hauptgericht 20–34 €

Auf der Insel
Saari 🍴 G 7

Rund 200 m vor der Küste des Stadtteils Eira liegt dieses Ausflugsrestaurant, das mit seinem Balkon, der Außenterrasse und der Yacht-Bar allen entgegenkommt, die entspannt Sommertage, prächtige Ausblicke und gutes Essen genießen möchten. Finnische Spezialitäten stehen auf der Speisekarte, vor allem frischer Fisch. Während der Flusskrebssaison gibt es kaum eine beliebtere Adresse. Gäste kommen mit einem kleinen Personenboot, das alle 20. Min. an der Merisatamanranta (hinter dem Café Carusel) ablegt. Der Fährpreis (6 €/ Pers.) wird auf die Restaurantrechnung aufgeschlagen.

Sirpalesaari, T 09 74 25 55 66, www.ravintolasaa ri.fi, Bus 24 bis Merikatu, dann ab der Merisatamanranta Personenfähre, Mai, Sept Di–Sa 17–23, Juni–Aug. Mo–Sa 12–23, So 16–22 Uhr, Menü 55–60 €

••••••••••••••••••••••••••••••••••••
EXPERIMENTIERFREUDIG UND UNGEWÖHNLICH
••••••••••••••••••••••••••••••••••••

Pfannkuchen auf Russisch
Blinit 🍴 G 2

Russisches für den kleinen Geldbeutel: Ein nettes und günstiges Fast-Food-Restaurant im hippen Stadtteil Kallio, das hauptsächlich – klar – Blinis anbietet. Die Pfannkuchen aus Russland werden mit den unterschiedlichsten süßen oder herzhaften Füllungen genossen. Äußerlich gleichen die Räumlichkeiten eher einem Imbiss, aber die frischen Zutaten und kleinen Preise lohnen den Besuch.

Sturenkatu 9, T 040 090 96 03, www.blinit.fi, Tram: 1, 3, 8, Mo–Fr 12–22, Sa/So 13–22 Uhr, 4,50–12 €

Auf zum Gipfel
Base Camp 🍴 Karte 2, G 5

Die Finnen mögen nepalesische Küche.

Im Zentrum Helsinkis bietet sich die Möglichkeit, die exotischen Speisen des Himalaya-Landes einmal auszuprobieren. Angeboten werden u. a. verschiedene Tandoori-Gerichte, die Teigtaschen Momos und köstliches Naan-Brot zu angemessenen Preisen, mittags locken spezielle Lunch-Angebote (ab 9 €). Hier gelangen Sie garantiert und locker vom Basislager zum Everest der Geschmackssensationen.

Yliopistonkatu 5, T 040 964 34 64, www.base campnepal.fi, Tram: 2, 4, 5, 7, Metro: Helsingin Yliopisto, Mo–Do 10.30–23, Fr 10.30–24, Sa 11–24, So 12–23 Uhr, Hauptgericht 14–28 €

Kulinarisches Tor zu Asien
Gaijin 🍴 Karte 2, G 5

Wie Helsinki ein Flug-Drehkreuz von Europa nach Asien ist, so brachten auch die Besitzer des Gaijin ihre dortigen kulinarischen Erfahrungen in moderne Versionen japanischer, koreanischer und nordchinesischer Küche ein. Essen bedeutet hier Gemeinschaft – also: gemeinsam genießen und Teilen! Wer nicht weiß, ob Miso-Hähnchen oder Butterkrebs, ist mit den Probiermenüs exzellent bedient. Auch Vegetarisches und Veganes kommt nicht zu kurz. »Irasshaimase!« – »Willkommen!«

Bulevardi 6, T 0103229386, Tram 1, 3, 6, www. gaijin.fi, So–Fr 17–1, Sa 14–1 Uhr, 32–70 €

Verteufelt Finnisch
Finnjävel 🍴 Karte 2, F 4

Was ist finnische Küche? Hier erfahren Sie es! Die beiden Meisterköche möchten ihr kulinarisches Erbe zu neuem Leben erwecken. Ursprünglich war der Restaurantbetrieb als Zweijahresprojekt geplant, doch nach seinem durchschlagenden Erfolg wurde er Ende 2019 wiedereröffnet – in der prestigevollen Lage der Kunsthalle Helsinki. Im ›Salonki‹ wird Gourmetküche auf höchstem Niveau aufgetischt, im ›Sali‹ geht es etwas zwangloser zu. Die abfällige Bezeichnung Finnjävel (dt. ›Finnenteufel‹) gaben übrigens die Schweden den finnischen Immigranten der 1950er- und 1960er-Jahre – hier nimmt man es als Kompliment.

Ainonkatu 3 (Kunsthalle Helsinki), T 030 04 72 337, https://finnjavel.fi, Tram: 1, 2, Salonki Mi–Sa 17–23 Uhr, Sali Di–Sa 11.30–23 Uhr, Hauptgericht im Sali 14–32 €, Menü im Salonki 89–114 €

Einmal um die Welt
Onda 🔴 H 2/3
Neben einem A-la-carte-Menü gibt es hier mittags zwischen 11 und 15 Uhr ein Büfett (11,20 €) mit Köstlichkeiten aus aller Welt sowie glutenfreien und veganen Optionen. Doch auch Fleischliebhaber kommen auf ihre Kosten. Zu empfehlen ist der peruanische Samstagsbrunch. Nach 22 Uhr verwandelt sich die Location in den beliebten Nachtclub Siltanen.
Hämeentie 13B, T 044 066 05 30, www.onda ruokala.fi, Tram: 3, 6, 7, 9, Mo–Fr 11–15, Di–Do 16–21, Fr/Sa 16–22 Uhr, Sa Brunch 11–15.30 Uhr, 24 €

Authentisch finnisch
Savotta 🔴 Karte 2 H 5
Das alte Finnland mitten in Helsinki? Findet man – mit der traditionell finnischen Küche des Restaurants Savotta! Am Senatsplatz gelegen, kann man auf den Sommerterrassen den Blick auf den Dom genießen oder bei kühlerem Wetter in unterschiedlich gestalteten, aber immer urigen Räumen mit mehr als hundert Jahre altem Holz-Interieur sitzen. Zutaten ausgewählter kleiner Lieferanten und Nachhaltigkeit werden garantiert. Ob Maränen-Mousse aus der finnischen Seenplatte mit marinierten Waldpilzen und Roggenbrot oder Lebkuchen-Parfait und Joghurt-Mousse mit Arktis-Honig, hier kommen echt finnische Gerichte zu neuem Glanz.
Aleksanterinkatu 22, T 09 7425 5588, www. raavintolasavotta.fi, Tram: 4, 5, Di–Sa 17–23 Uhr, Flößermenü 44 €

Pure Freude auf dem Teller
Sandro 🔴 Karte 2, F 5
Das Juwel im Kamppi bietet eine nahöstlich-afrikanisch inspirierte Geschmacksexplosion. Neben dem tollen Salatbüfett zum Lunch sticht es auch durch seine saisonalen und lokalen Zutaten hervor. Darüber hinaus ist es mit einer großen Auswahl an Salaten, Kuchen und Smoothies ein absoluter Lieblingsplatz zum Brunchen: Mit dem ›Marrakech Madness‹ (26,90 €) lässt es sich am Wochenende so richtig schlemmen.
Urho Kekkosen Katu 1 (im Kamppi, 5. Stock), Metro: Kamppi, T 09 61 28 5171, www.sandro. fi, Mo–Do 11–20, Fr/Sa 11–21 Uhr

---

IMBISS VOM GRILLI

Spät nachts unterwegs, und der Magen knurrt? Die Hauptstädter holen sich gern in einem der vielen Kioske, die es im ganzen Stadtgebiet gibt, einen Snack auf die Hand. Qualitätsindikator sind die Schlangen, die sich vor einem *grilli* oder *nakki-kioski* (Würstchenbude) bilden – auch bei Minusgraden. Die Kioske verkaufen Kaffee, Burger, Pommes, Hot Dogs, Piroggen und mehr. Der beste Grilli der Stadt soll Jaskan Grilli in Töölö (Dagmarinkatu 2) sein. Apropos Fast Food: In Finnland läuft die Kette Hesburger dem amerikanischen Vorreiter McDonald's immer noch den Rang ab.

Speisen wie ein Zar
Troikka 🔴 E 4
In der traditionsreichen, seit den 1920ern etablierten Gaststätte nahe der Tempelkirche wähnt man sich fast in einem zaristischen Wohnzimmer. Kein Wunder, der ehemalige Besitzer Colonel Barring diente ja auch in der Armee des russischen Zaren. Die Portionen sind reichhaltig und schmackhaft, vom kalten Vorspeisenteller Zakuski über Suppen wie Soljanka und Borschtsch bis zu Hauptspeisen wie Hühnchen Kiew, Filet Stroganoff, Pfeffersteak und Lammschaschlik. Und die Preise sind moderater als bei den meisten anderen ›Russen‹ in Helsinki.
Caloniuksenkatu 3, T 050 340 71 00, www. troikka.fi, Tram: 1, 2, 8, Di–Fr 17–22, Sa 14–22 Uhr, Hauptgericht 23–30 €

Mal keine Heringe shoppen

Dass in- und ausländische Touristen einmal in die finnische Hauptstadt pilgern sollten, um zu shoppen, war lange Zeit undenkbar. Was sollte man hier schon kaufen – Heringe? Wirtschaftlicher Aufschwung, vor allem aber die ›Erfindung‹ des finnischen Designs, sorgten für einen tiefgreifenden Wandel.

KONSUMTEMPEL

Im wohl populärsten Shoppingviertel der Stadt, zwischen **Esplanade** und **Bahnhofsplatz,** findet man die großen Ikonen des finnischen Designs und mehrgeschossige Malls. Auch südwestlich der Esplanade lohnt der **Design-Distrikt** eine Entdeckungstour. Entgegen dem Trend des Online-Shoppings errichtet man immer neue Einkaufszentren, die von Verpflegung bis Vergnügung keine Wünsche offenlassen. Durch unterirdische Gänge sind die zentralen Komplexe **Kamppi, Forum, Sokos** und **Stockmann** miteinander verbunden. Doch auch außerhalb des Zentrums findet man gigantische Konsumtempel, wie **REDI** im Stadtteil Kalasatama und **Itis** in Itäkeskus sowie **Sello** und **Iso Omena** in Espoo oder **Jumbo** in Vantaa. Neueste Errungenschaft: Die Mall **Tripla** in Pasila.

Beispielhaft dafür steht die Esplanade, ursprünglich als reine Flaniermeile gedacht. Heute ist sie Drehkreuz für Besucherströme, die vor Ort die Auslagen inzwischen weltbekannter finnischer Labels betrachten oder den unterschiedlichen Shopping-Quartieren entgegenstreben, die die Esplanade verbindet. Zwar gibt es sie noch, die kleinen Tante-Emma-Läden, die ungeordneten Krimskramsshops und Flohmärkte, in denen das Finnland der Vergangenheit durchschimmert. Ihnen gegenüber aber stehen glitzernde Einkaufspassagen, gut gefüllt mit (oft russischer oder fernöstlicher) Kundschaft, elegante Boutiquen, boomende Modehäuser und eine Vielzahl junger, unabhängiger und unkonventioneller Geschäftskonzepte, über die sich selbst weit größere Städte freuen würden. Auch in seinen Einkaufswelten gelingt Helsinki also der Spagat zwischen mondänen Konsumtempeln und bodenständigen Märkten, zwischen kreativer Avantgarde und ländlicher Tradition.

Das Eisen schmieden, so lange es heiß ist – das gilt auch für Schnäppchen-Jäger.

BÜCHER UND MUSIK

Nicht nur für Akademiker!
Akateeminen Kirjakauppa

🏠 Karte 2, G 5

Von außen dunkel und abweisend, innen hell und lichtdurchflutet – die mehrstöckige ›Akademische Buchhandlung‹ ist ein architektonischer Leckerbissen, designt von Großmeister Alvar Aalto. Als eine der größten Buchhandlungen Europas führt sie auch Fachbücher und Belletristik in englischer Sprache. Nach dem Einkauf einen Cappuccino im Café Aalto genießen!

Pohjoisesplanadi 39/Keskuskatu 1, www.akateeminen.com, Tram: 1, 2, 3, 4, 6, 10, Mo–Fr 9–20, Sa 9–18, So 11–18 Uhr

Antiquarische Kostbarkeiten
C. Hagelstam Antikvariaatti

🏠 Karte 2, G 6

Was für ein Antiquariat! Bücherfreunde sollten sich Zeit nehmen, das Angebot an internationalen Büchern über Architektur, Design, Musik und Kunst sowie an alten Land-, See-, Postkarten und Drucken ab dem 17. Jh. ist einfach riesig. Viele Schätze finden sich auch im Onlineshop.

Fredrikinkatu 35, www.cecilhagelstam.com, Tram: 1, 3, 6, Mo–Do 12–17, Fr 12–16 Uhr

Coole Plattenladen
Digelius 🏠 Karte 2, G 6

Es macht Spaß, in einer fantastischen Kollektion seltener Jazzplatten und solchen mit Folk, finnischer und Weltmusik zu stöbern. Im selben Haus verkauft das **Eronen** (www.dubjazzsalsa.com) Soul- und Reggae-Platten und gleich um die Ecke bietet **A. H. Records** (Fredrikinkatu 12, http://ahrecords.fi) Raritäten aus Vinyl.

Laivurinrinne 2, http://shop.digeliusmusic.mycashflow.fi, Tram: 1, 3, Mo–Fr 11–18, Sa 10–16 Uhr

Einer für alle
Black & White 🏠 H 3

Der Plattenladen in Hakaniemi ist nicht nur einer der ältesten in Helsinki, sondern auch einer der größten und bestsortierten: Unter den neuen und gebrauchten CDs und LPs ist für jeden Geschmack etwas dabei.

Toinen Linja 1, www.blackandwhite.fi, Metro: Hakaniemi, Tram: 3, 6, 7, 9, Mo–Fr 10–18, Sa 10–15 Uhr

KAUFHÄUSER UND EINKAUFSZENTREN

KaDeWe des Nordens
Stockmann 🏠 Karte 2, G 5

Das Kaufhaus ist nicht nur das bekannteste des Landes, sondern, so heißt es wenigstens in Finnland, das beste in ganz Skandinavien. Der aus Lübeck stammende G. F. Stockmann eröffnete bereits 1862 seinen ersten Laden an der Mannerheimintie. Aus ihm entstand später ein ganzes Imperium mit Filialen in vielen finnischen Städten. Die heutige Backsteinfassade des Stammsitzes stammt von den Umbauten der Jahre 1930 und 1989 und umschließt einen ganzen Straßenblock.

VERRÜCKTE TAGE

Wenn auf einmal alle Helsinkier mit gelben Plastiktüten mit der Aufschrift **Hullut Päivät** (auf Schwedisch: Galna Dagar) herumlaufen, dann nichts wie auf zu **Stockmann!** Mit den ›verrückten Tagen‹, die zweimal im Jahr (im Mai und im Oktober) von Montag bis Sonntag stattfinden, lockt das Warenhaus Tausende Kunden in seine Filialen. Hier gibt es jetzt auch Produkte, die Stockmann sonst nicht anbietet – und das außerdem bedeutend billiger. Niemand weiß genau, wann die nächsten verrückten Tage anstehen. Von daher heißt es: Augen offen halten!

Das zuletzt 2010 erweiterte Flaggschiff breitet auf acht Etagen und 50 000 m² sein exquisites Sortiment aus, in dem u. a. alle Nobelmarken der Parfümerie und Mode vertreten sind. Zwar kann das Stockmann in puncto Glanz und Grandezza nicht mit den schönsten Galerien Europas mithalten, ist aber dennoch für Shopping-Touristen ein lohnender Anlaufpunkt – allein schon wegen der Souvenir-

Stöbern & entdecken

und Delikatessenabteilung. Übrigens: Als ausländischer Besucher bekommen Sie eine 10%-Rabattkarte!

Aleksanterinkatu 52, www.stockmann.fi, Tram: 1, 2, 3, 4, 6, 10, Mo–Fr 10–21, Sa 10–19, So 12–18 Uhr

Schuhe und mehr
Aleksi 13 🏛 Karte 2, G 5
Die Schuhabteilung des Aleksi ist eine der größten in Helsinki. Auch wer schicke Mode und Alltagskleidung aus finnischen und internationalen Häusern sucht, wird hier fündig. Die Fassade dieses traditionsreichen, denkmalgeschützten Hauses ist wohl die schönste unter den Helsinkier Kaufhäusern!

Aleksanterinkatu 13, www.aleksi13.fi, Tram: 2, 4, 5, 7, Mo–Fr 10–20, Sa 10–18, So 12–18 Uhr

Shopping mit Metro-Anschluss
Kamppi 🏛 Karte 2, F 5
Der multifunktionale, klotzhafte Komplex ist mit über 30 Mio. Besuchern pro

Auch im Winter bekommen Sie auf der Aleksanterinkatu (liebevoll Aleksi genannt) keine kalten Füße. Ein Netz aus Leitungen unter dem Straßenpflaster hält Schnee und Eis fern. Besonders rund um Weihnachten kommt der beheizte Untergrund den Helsinkiern zugute: Ab Ende November erstrahlt die Aleksi unter einem Dach aus Lichtergirlanden und die Kinder bestaunen die Weihnachtsdekoration in den Schaufenstern des Kaufhauses Stockmann. Das Spektakel ist so beliebt, dass die Straße einen Monat vor Weihnachten für den Verkehr gesperrt ist. Eröffnet wird die Weihnachtssaison am letzten oder vorletzten Sonntag im November mit einer Parade, bei der bei der Bürgermeister und selbstverständlich auch der Weihnachtsmann *(joulupukki)* samt Schlitten und Rentier dabei sind.

Jahr eines der größten Einkaufszentren des Landes. Das Shopping- und gastronomische Angebot ist breit gefächert und international, der sechsstöckige Bau mit seiner unterirdischen Bus- und Metrostation durchaus eindrucksvoll.

Urho Kekkosenkatu 1, www.kamppi.fi, Metro: Kamppi, Mo–Fr 10–20, Sa 9–19, So 12–18 Uhr

Junges, altes Forum
Forum 🏛 Karte 2, G 5
Schon in den 1950er-Jahren stand hier ein gleichnamiger Shoppingkomplex, der seinerzeit für die Olympischen Spiele gebaut wurde – das Forum hat also weit über 60 Jahre auf dem Buckel! Das heutige Gebäude wurde 1985 eröffnet, nimmt einen ganzen Block ein und versammelt unter seinem Dach über 140 Geschäfte, Restaurants und Cafés. Unterirdisch befinden sich Parkplätze und Tunnel zu den benachbarten Gebäuden. Mode ist der Schwerpunkt des Angebots, aber auch als kulinarischer Zwischenstopp eignet sich das Forum!

Mannerheimintie 14–20, www.forum.fi, Metro: Kamppi, Tram: 1, 2, 3, 4, 6, 10, Mo–Fr 10–20, Sa 10–18, So 12–17 Uhr

Nobel, nobel
Kämp Galleria 🏛 Karte 2, G 5
Die Nachbarschaft verpflichtet. Immerhin ist dieser Shopping-Tempel dem Edelhotel Kämp angeschlossen. Also heißt es auch hier: schöner shoppen, und das auf höchstem (Preis-)Niveau – und sei es nur zum Schaufenstergucken. Die Labels in den Auslagen lesen sich wie das Who's who der finnischen und internationalen Modewelt.

Pohjoisesplanadi 29, www.kampgalleria.com, Tram: 2, 4, 5, 7, Mo–Fr 8–20, Sa 10–18, So 12–18 Uhr

Urbanes Zentrum
Mall of Tripla 🏛 außerh. F 1
Seit Ende 2019 präsentiert sich der nördliche Stadtteil Pasila nicht nur durch einen neuen Bahnhof, sondern auch durch die daran angeschlossene Mall Tripla in einem ganz neuen Licht. Diese sei, so behauptet man, die größte Shoppingmall der nordischen Länder –

Elegante Einkaufswelten im Forum

zumindest, wenn man die 250 Shops rechnen möchte. Mit ihren 85 000 m² ist sie dagegen ›nur‹ die sechstgrößte Finnlands. Der zentral gelegene Komplex ist mit dem Zug in nur 5 Min. vom Hauptbahnhof zu erreichen und soll als »neues Herz der Stadt« eine Art zweites Stadtzentrum repräsentieren. Neben den üblichen Einrichtungen umfasst er u. a. ein Parkhaus, ein Hotel, ein Kino, die Finnish Music Hall of Fame (▸ S. 79) und unterirdisch das erste Indoor-Surfcenter der Stadt.

Fredikanterassi 1, https://malloftripla.fi, Zug: Station Pasila, tgl. 6–22 Uhr, Parkhaus und Supermärkte rund um die Uhr geöffnet

···

FLOH- UND STRASSENMÄRKTE

···

Die Klassiker
Kauppatori und Vanha kauppahalli 🛍 Karte 2, H 5

Der Markt **Kauppatori** und die Alte Markthalle zählen zu den Wahrzeichen der Stadt. Naturgemäß fällt das Treiben im Winter nicht so turbulent aus wie im Sommer, doch der Schnee und die orangen Kaffeezelte sorgen dann für ein spezielles Flair. Im Sommer entfaltet sich im Gedränge zwischen den kunterbunten Ständen fast schon südländisches Temperament. Wer die lokalen Spezialitäten probiert, sollte sich vor den respektlosen Möwen in Acht nehmen!

Vornehm geht's in der **Alten Markthalle** (Vanha kauppahalli) zu. Sie finden hier 25 Delikatessenläden und kleine Cafés, in denen finnische Köstlichkeiten wie Rentierschinken, Bärenfleisch oder Moltebeer-Marmelade verkauft werden – dazu Gourmetbrötchen, die man an Ort und Stelle gleich verputzen kann.

Markt: Kauppatori, Tram: 2, Mo–Fr 6.30–19, Sa 6.30–18, im Sommer auch So 10–17 Uhr; Alte Markthalle: Eteläranta, www.vanhakauppa halli.fi, Tram: 2, Mo–Sa 8–18, im Sommer auch So 10–17 Uhr

Riesig und authentisch
Hakaniementori und Hakaniemen kauppahalli 🛍 H 3

Der zweitwichtigste Markt der Stadt findet auf einem riesigen Platz statt, den die Stände kaum mit Leben füllen können (vor allem nicht im Winter). Touristen sind in der Minderheit, die Helsinkier bleiben mehr oder weniger unter sich. Genau das ist der Vorteil des Marktes, wenn man sich weniger für Souvenirstände und mehr für authentisches Leben interessiert, ganz davon abgesehen, dass das Preisniveau hier günstiger ist als auf dem

Das Marimekko-Muster Unikko (›Mohn‹) ist über 50 Jahre alt.

zentralen Kauppatori. Das historische Backsteingebäude der Markthalle von 1914 wird bis Anfang 2021 saniert; in der Zwischenzeit sind die Verkaufsstände in der benachbarten ›Glashalle‹ untergebracht.

Markt: Mo–Sa 6.30–16 Uhr, im Sommer fast jeden So 10–16 Uhr Flohmarkt
Markthalle: Hakaniemen torikatu 1, www.haka niemenkauppahalli.fi, Tram: 3, 6, 7, 9, Metro: Hakaniemi, Mo–Sa 8–18 Uhr

Flohmarkt-Schnäppchen und Delikatessen
Hietalahdentori und Hietalahden kauppahalli 🅰 F 6

Der große und von repräsentativen Bauten eingefasste Platz Hietalahdentori ist, vor allem im Sommer und an Wochenenden, das Ziel der Schnäppchenjäger. Immerhin stellt der täglich hier abgehaltene Flohmarkt ›Hietsun kirppis‹ den größten und bekanntesten des Landes dar! Dominiert wird der Platz von der wunderschönen Markthalle Hietalahden kauppahalli. Nach einer zehnjährigen Pause dient die ›Hietsu‹ seit 2013 wieder als Markthalle im klassischen Sinn mit Feinkostgeschäften, Cafés und Restaurants. Ideal also für einen Imbiss, ein Mittagessen oder ein Dinner.

Flohmarkt: Hietalahdentori, Tram: 6/6T, Mo–Fr 8–18, Sa 8–16, im Sommer So 10–16 Uhr; Markthalle: Lönnrotinkatu 34, www.hietalahden kauppahalli.fi, Mo–Do 8–18, Fr/Sa 8–22, So 10–16 Uhr

GESCHENKE, DESIGN, KURIOSES

Alvar Aalto und andere
Artek 🅰 Karte 2, G 5

Der Design-Klassiker schlechthin! Von Alvar Aalto und anderen Designern 1935 gegründet, ist die Firma bis heute eine weltweit bekannte und angesehene Marke. In ihrem Stammhaus an der Südlichen Esplanade werden auf zwei Etagen typische Designstücke von Alvar Aalto und seiner Werkstatt verkauft, aber auch andere Klassiker wie der Barcelona Chair von Mies van der Rohe – gutes, zeitloses Möbeldesign zu hohen Preisen.

Keskuskatu 1b, www.artek.fi, Tram: 1, 2, 3, 4, 6, 10, Mo–Sa 10–18 Uhr

Internationales Angebot
Formverk 🅰 Karte 2, G 6

Das arrivierte Unternehmen wurde 1993 gegründet und vertritt rund drei

Dutzend Designer, vor allem aus Finnland, Schweden und Italien. Angeboten werden Gebrauchsmöbel, Gartenmöbel, Lampen und witzige Accessoires von hoher Qualität. Formverks bekanntester Möbeldesigner ist Kenneth Wikström.

Annankatu 5, www.formverk.com, Tram: 3, 6, 10, Mo–Fr 10.30–18, Sa 11–15 Uhr

Zerbrechliches
Iittala & Arabia Design Centre
🏛 außerhalb H 1

Etwas weiter nördlich des Zentrums haben sich zwei Perlen des finnischen Designs zusammengetan: Iittala ist seit 1881 auf Glaswaren spezialisiert, während Arabia seit 1873 Porzellan in schöne Formen bringt (vor allem die Mumin-Tassen sind beliebte Sammlerstücke). Bei der alten Arabia-Manufaktur findet der Designbegeisterte nicht nur das ein oder andere Souvenir und trifft Künstler bei der Arbeit, im dazugehörigen Museum erfährt man auch viel über finnisches Keramik- und Glasdesign, während man im Laboratorium selbst kreativ werden kann.

Hämeentie 135, www.designcentrehelsinki.com, Tram: 6, 8, Mo–Fr 10–19, Sa 10–16 Uhr; Museum: Di–Fr 12–17, Sa 10–16 Uhr, Eintritt frei

Dekoratives aus Handarbeit
Aarikka 🏛 Karte 2, G 5

Seit 1954 verkauft Aarikka Holzschmuck, Mobiles, Lampen, Tassen, Schmuck und Souvenirs aus Holz, Stahl und Edelmetallen. Die Produktpalette wird immer größer und Aarikka immer beliebter. Sämtliche Waren sind in Handarbeit und aus finnischen Materialien gefertigt.

Pohjoisesplanadi 27, www.aarikka.com, Tram: 2, 4, 5, 7, Mo–Fr 12–18, Sa 10–16 Uhr

Juwelier mit Suomi-Design
Kalevala Koru 🏛 Karte 2, H 5

Die bekannteste und größte Manufaktur des Landes verkauft ausschließlich in Finnland designte und produzierte Schmuckstücke aus Gold, Silber, Bronze und Edelstahl – für sie und ihn. Die Motive sind oft alten Schmuckstücken nachempfunden oder in Anlehnung an

die Mythen des Nationalepos Kalevala entworfen und in eine moderne Form gebracht. Im Laden gibt es dazu passende Volkstrachten.

Pohjoisesplanadi 25, T 020 761 13 90, www. kalevalajewelry.com, Tram: 2, 4, 5, 7, Mo–Fr 11–18, Sa 10–16 Uhr

Guter Stoff
Finlayson 🏛 Karte 2, G 5

Seit 200 Jahren bettet man sich in Finnland auf den weichen Bettbezügen der Traditionsfirma. Hier findet man den Stoff, aus dem finnische Heime gemacht sind, ob Küche, Bad, Schlafzimmer oder Sauna – auch garantiert allergiegeeignet und natürlich vorzugsweise mit Mumin-Muster.

Eteläesplanadi 14, T 050 322 42 50, www.finlayson.fi, Tram: 1–7, Mo–Fr 10–18, Sa 10–16 Uhr

Weltbekannte Modeschöpferin
Ivana Helsinki 🏛 Karte 5

Die Kleider der international bekannten Modeschöpferin Paola Ivana Suhonen sind auch in eigenen Shops in Paris und London zu haben. In ihrer finnischen Heimat wird in dieser Boutique ihre jeweils aktuelle und natürlich auch recht teure Kollektion verkauft. Als Donald Trumps ehemalige Ehefrau Ivana Trump 2010 aufgrund der Namensähnlichkeit klagte, mussten der Firmenname IVANAhelsinki und das Logo leicht abgeändert werden.

Palopirtintie 15, www.ivanahelsinki.com, Metro M1, M2 bis Itäkeskus, dann 15 min. Fußweg, Mi–Sa 12–18 Uhr

Farbenfrohes Design
Marimekko 🏛 Karte 2, G 5

Seit 1951 ist die führende finnische Textil-Manufaktur für ihr farbenfrohes Blumendesign weltbekannt. Das schmückt nicht nur Kleider und Hemden, sondern auch Taschen, Vorhänge, modische Accessoires, Gummistiefel oder Bettwäsche. Außer auf der Mikonkatu 2 ist Marimekko in den großen Helsinkier Warenhäusern wie Stockmann, Forum und Kamppi vertreten.

Mikonkatu 1, www.marimekko.fi, Tram: 2, 4, 5, 7, Mo–Fr 10–20, Sa 10–17, So 12–16 Uhr

Nordische Partykönigin

Früher war Helsinki abends nicht gerade die lebendigste Stadt. Das hat sich deutlich geändert, inzwischen ist eine quicklebendige Club-, Kneipen- und Nightlife-Szene entstanden. Überall sprießen Ausgehadressen aus dem Boden, die angesagten Stadtteile wechseln und das Leben tobt selbst in mausgrauen Arbeitervierteln.

Wer am Freitag oder Samstag ausgeht, sieht und hört Livemusik satt, kann bis nach 4 Uhr abtanzen und lernt mit Helsinki eine neue europäische Partykönigin kennen.

Zu den Hot-Spots der Szene gehört der Bahnhofsplatz, wo man auf eine (Night)Club-Konzentration stößt, die man auch an mehr als einem Wochenende nicht ausschöpfen könnte. Nur wenige hundert Meter weiter westlich sind unterhalb der Kamppi-Station etliche Künstlerlokale, schräge Bars, Rockclubs und Irish Pubs auf engstem Raum versammelt.

Im Töölö-Viertel ist das Publikum älter und die Lokale sind gediegener. Ähnliches gilt auch für die Esplanade, wo man auf einen Mix von durchgestylten Chill-out-Oasen, rustikalen Pubs und gehobenen Nightclubs trifft. Im südwestlich gelegenen Design-Distrikt ist Clubbing angesagt, und weiter nördlich ist das ehemalige Arbeiterviertel Kallio mit unzähligen Cafés, Restaurants, Bars und Clubs der neue und angesagte Partymeile für Studenten und Hipster. Echt finnisch feiert man jedoch nur auf eine Art und Weise: in einer der unzähligen Karaoke-Bars!

ALTERSGRENZE

Jüngere Gäste erhalten längst nicht Einlass in jeden Club. In Helsinki ist der Zutritt je nach Lokal für Jugendliche unter 18, 20, 22, 23 oder gar 24 Jahren oft verboten. Manchmal gelten sogar unterschiedliche Regeln, z. B. Mindestalter bis Mitternacht 22, danach 24 Jahre oder Mindestalter im Erdgeschoss 18, in der Etage darüber 21 Jahre. Der Türsteher *(vahtimestari)* passt recht genau auf!

EINTRITT UND PREISE

Meist ist der Eintritt kostenlos, doch die angesagten Clubs verlangen rund 5–12 €. Dazu kommt die Garderobengebühr (ca. 2–3 €). Am meisten muss man für Getränke zahlen: Nur mit Glück bekommt man ein Bier (0,4 l) für weniger als 5 €, meist kostet ein Glas mehr als 7 €. Schnäpse, Drinks oder Cocktails beginnen auf der Getränkekarte bei 10 €.

Von wegen nordisch unterkühlt!

BARS UND KNEIPEN

Zum Heiligen Staatspräsidenten
St. Urho's Pub ☼ F 4

Die dicke Brille auf dem Kneipenlogo und ihr Name machen deutlich: Schutzpatron des Pubs ist Urho Kekkonen, der legendäre Präsident der Republik, der hier sozusagen zum Heiligen erhoben wird. Zwischen Reichstag und Nationalmuseum gelegen, ist das ›Urkki‹ ein seit 1973 etablierter Pub, der gern von Opernbesuchern, Politikern und Presseleuten aufgesucht wird. Über 100 Biermarken umfasst die Liste, darunter viele belgische Trappistenbiere. Doch warum in die Ferne schweifen? Probieren Sie doch einmal ein trübes Sahti, das traditionelle ungefilterte Selbstgebraute des Landes. Die Speisekarte listet Pub-Gerichte der gehobenen Preisklasse auf, darunter Burger, Fish'n'Chips und Pizzas.

Museokatu 10, T 09 58 07 72 22, www.urhospub. fi, Tram: 4, 10, Di–Sa 16–24 Uhr

Cocktail mit Kino
Riviera ☼ H 2

Das schmucke Kino mit angeschlossener Bar vereint kulinarische mit cineastischen Leckerbissen: Während auf der Leinwand alles von Mainstream-Programm bis zu Klassikern gezeigt wird, kann man ganz nebenbei ein Bierchen, einen Wein oder ein paar Snacks genießen.

Harjukatu 2, T 050 331 45 08, www.riviera kallio.fi, Metro: Sörnäinen, Mo–Do 16–23, Fr/Sa 16–1 Uhr

Bühne frei für Gesangskünstler
Wallis Karaoke Bar ☼ J 5

Wenn die Finnen etwas annähernd so sehr lieben wie ihre Sauna, dann ist es Karaoke: Auf der Bühne und mit dem Mikrofon in der Hand wird das Klischee des schweigsamen Finnen über den Haufen geworfen. Die Nummer eins in Helsinki ist das 2017 eröffnete Wallis mit seiner gemütlichen Backstein-Atmosphäre und einem grandiosem Meerblick von der Terrasse. Keine Angst: Wer keine Rampensau ist, kann sich einfach in eine ruhige Nische zurückziehen und die Stimmung genießen.

Kanavaranta 7 E 22, www.npg.fi/en/restaurants/ wallis-karaoke-bar, Tram: 4, 5, So–Do 20–3, Fr/Sa 18–4.30 Uhr

Singen auf dem Klo
Restroom ☼ G 7

Singen kann man nicht nur unter der Dusche: 1952 als öffentliche Toilette gebaut, beherbergt das winzige Gebäude heute eine schlichte Karaokebar, ganz ohne Bühne oder viel Luxus, dafür aber mit Charme. Wer ein dringendes Bedürfnis hat, sich die Seele aus dem Leib zu singen, ist hier richtig. Gleichzeitig beweist die Bar den finnischen Hang zum leicht Skurrilen.

Tehtaankatu 23 A, T 096 727 43, www.karaoke bar.net/restroom, Tram: 1, Do–Fr 18–2, Sa 16–2 Uhr

Entspannte Künstlerkneipe
Musta kissa ☼ G 3

Im Herzen von Kallio ist dieses Lokal eine gute Anlaufadresse für alle, die bei guter Musik ein Bierchen, ein Weinchen oder einen Cocktail genießen, gelegentlichen Live-Auftritten lauschen oder an Kunstausstellungen bzw. Performances (gerne auch experimentell) teilnehmen möchten. Die Einrichtung ist rustikal und verströmt den Charme der 70er-Jahre!

Toinen linja 15 (Eingang um die Ecke, Suonionkatu 1), www.barmustakissa.fi, Tram: 3, 6, 7, 9, Di–So 17–24/2 Uhr

Urig oder Kulturschock?
Zetor ☼ Karte 2, G 5

In einer Seitenstraße der Mannerheimintie gelegene Kneipe mit Restaurant und Nightclub – längst schon Kult und für viele ein Muss in Helsinki. Benannt nach einer tschechischen Traktorenfirma, besteht die rustikal-kitschige Einrichtung natürlich aus Traktoren, viel Holz, ausgestopften Rentieren und einem wilden ländlich-finnischen Sammelsurium. Inmitten des Trubels wird finnische Hausmannskost wie Pyttipanna, Wurst, Ren oder ein riesiges Traktoren-Steak serviert (17–44 €). Abends gibt es

105

Wenn die Nacht beginnt

manchmal Livemusik und Tanz, ansonsten Roulette oder Souvenirverkauf u. a. von Artikeln der Leningrad Cowboys. Mannerheimintie 3–5, www.raflaamo.fi/en/helsinki/zetor, Tram: 2, 3, 4, 5, 6, 7, 9, Mo/Di 15–23, Mi/Do 15–2, Fr 15–4.30, Sa 13–4.30 Uhr

Gut, besser, Bier

Bryggeri Helsinki ⚙ Karte 2, H 5
Gutes deutsches Bier im Ausland gibt's nicht? Eis ist doch! In der Bryggeri wird das Bier an Ort und Stelle hergestellt – und das sieht man: Der kupferne Braukessel im Zentrum des Restaurants fällt dem Besucher gleich als Erstes ins Auge. Dabei hat der deutsche Braumeister stets die skandinavische Küche im Hinterkopf: Die Speisekarte liefert die Empfehlung zum passenden Bier gleich mit. Darüber hinaus achtet man auf saisonale und lokale Produkte und bietet eine große und gute Auswahl an regionalen, finnischen Bieren. Na dann: Kippis!
Sofiankatu 2, T 010 235 25 05, www.bryggeri.fi, Mo–Do 11–24, Fr 11–1, Sa 12–1 Uhr

---

TICKETS UND INFOS

Ob Sportveranstaltungen, Konzerte oder andere Events: Bei der **Verkaufsstelle Tiketti** kann man sich Eintrittskarten besorgen oder auch online bestellen (⚙ Karte 2, F 4, Urho Kekkosen katu 4–6, T 06 001 16 16, www.tiketti.fi, Mo–Sa 9–19 Uhr). Andere Internet-Ticketanbieter für ganz Finnland sind www.lippu.fi, www.ticketmaster.fi.
Das beste Magazin mit Infos zum hauptstädtischen Nacht- und Kulturleben ist **Helsinki This Week** (als Prospekt oder online unter www.helsinkithisweek.com).

Pub auf Rädern

SpåraKOFF Pub Tram ⚙ Karte 2, G 5
Die rollende, knallrote Kneipe SpåraKOFF ist wohl die originellste Art, eine Sightseeingtour mit einem Pubbesuch zu verbinden. Eine nostalgische Tram aus dem Jahr 1959 wurde mit viel Mahagoni und Messing in einen Pub für 30 Personen umgebaut und dreht nun im Sommer ihre 45-Minuten-Runden quer durch Helsinkis City (Stopps: Hauptbahnhof/ Mikonkatu 17–Linnanmäki–Ooperatalo–Kauppatori). Das Personal serviert Cidre, Softdrinks und – natürlich! – Bier, schließlich ist ›Koff‹ eine populäre Marke der größten finnischen und ältesten skandinavischen Brauerei Sinebrychoff (heute Teil des Carlsberg-Konzerns). Sitzen, schauen, den anderen Gästen zuprosten – ein wirklich einmaliges und kurzweiliges Vergnügen. Schade nur, dass die Fahrt so schnell zu Ende ist!
Mannerheimintie 5, T 010 766 40 00, www.raflaamo.fi/en/helsinki/sparakoff, Spåra-KOFF-Pub-Tramtouren: zu jeder vollen Stunde (außer um 16 Uhr) Juni–Aug. Mo/Di 14–20, Di–Fr 14–21, Sa 13–21 Uhr, bis Mitte Sept. Fr/Sa 14–20 Uhr, Start an der Tramstation Mikonkatu neben dem Hauptbahnhof, 12 €, unter 12 Jahren 5 €

Unübersehbar finnisch!

Villi Wäinö ⚙ Karte 2, G 5
Das Konzept des Innenstadtlokals ist eine klare Absage an jede Internationalität. Schon der unübersehbare Beiname ›Suomalainen Olutravintola‹ zeigt, wo's lang geht: dies ist ein ›Finnisches Bierhaus‹. Das bestätigt sich auch in der Inneneinrichtung (viel Holz, Kalevala-Motive, und – na klar! – eine Sauna), den Snacks (getrocknetes Rentierfleisch) und natürlich in der Bierauswahl: Die meisten finnischen Brauereien sind hier vertreten. Finnisch auch die Musik, die ein DJ jeden Freitag und Samstag auflegt – und die manchen Gast ermutigt, Tango zu tanzen. Insgesamt gibt es drei Etagen und zusätzlich wird im Sommer die Straßenterrasse genutzt.
Kalevankatu 4, T 050 357 67 04, www.villi waino.fi, Tram: 1, 3, 6, 10, So–Do 14–2, Fr 14–5, Sa 12–5 Uhr

Marsch, zum ›Barsch!

Punavuoren Ahven ⚙ G 6
Nördlich von Eira im alten Arbeiterviertel Punavuori gelegen, ist dieses Lokal bei Touristen zwar wenig bekannt, dafür aber bei den Anwohnern umso populärer, die es als eine Art Wohnzimmer betrach-

ten. Wie viele Helsinkier Bars trägt der ›Barsch‹ einen Fischnamen. Was als Erstes auffällt: keine Musikbeschallung. Und eine Stimmung, die vielleicht gerade deswegen ausgelassen sein kann und allen Klischees von schweigsamen Finnen widerspricht. Oder sollte das Alkohol-Angebot dafür verantwortlich sein? Im Ausschank sind jede Menge lokaler, aber auch britischer und deutscher Biere. Ansonsten kommen Whisky-Fans auf ihre Kosten: Die Auswahl ist die wohl die größte in Finnland!

Punavuorenkatu 12, www.kalaravintolat.fi, Tram: 1, 3, Mo–Fr 14–2, Sa 12–2, So 12–24 Uhr

Gemütlicher Intellektuellen-Treff

Marian Helmi ☼ Karte 2, H 4

Na klar, ein Lokal, das der alten Universität gegenüberliegt, sollte Studenten, Dozenten und Professoren zu seinen Gästen zählen. Die Eckkneipe, die es seit den 1930ern gibt, ist der letzte historische Ausschank in diesem Viertel. Heutzutage in warme Farben getaucht, angenehm beleuchtet und geschmackvoll möbliert, trifft man sich hier nach den Vorlesungen zu gepflegten Gesprächen, manchmal kommt auch ein Abgeordneter oder Minister vorbei. Das Marian Helmi (›Perle der Maria‹) ist relativ klein, wird aber durch einen riesigen Wandspiegel optisch vergrößert. Die unaufgeregte Atmosphäre wirkt wie der genaue Gegenentwurf zur lärmenden Karaoke-Bar Pataässä nebenan.

Snellmaninkatu 17, T 09 135 66 51, www.marianhelmi.fi, Tram: 7, Mo 16–24, Di–Do 16–2, Fr/Sa 16–3 Uhr

Der Bierkeller schlechthin

Oluthuone Kaisla ☼ Karte 2, G 4

Mehr als 200 Biere stehen auf der Karte des ›Bierhauses‹ – das ist Landesrekord! Einige der 33 Zapfhähne sind stets für Produkte finnischer Mikrobrauereien reserviert. Für den kleinen Hunger gibt's diverse Snacks wie Sandwiches, Nachos oder Bratwurst. Abgesehen von seiner Größe fällt das Kaisla unter die Kategorie ›ehrliche Bierkneipe‹, warm und mit viel Holz eingerichtet, ohne Zugeständnisse an modernes Design.

Völlig entspannt mit einem Bier in der Hand – in der SpåraKOFF Pub Tram

Von Vorteil ist auch die absolut zentrale Lage: nahe dem Bahnhof und genau über der Metrostation der Universität Helsinki. Was praktisch sein kann, wenn man dann bei der Bierexpedition zuviel geforscht hat …

Vilhonkatu 4, 2 Eingänge: Vilhonkatu, Vuorikatu, T 010 766 38 50, www.raflaamo.fi/en/helsinki/kaisla, Metro: Kaisaniemi, Mo–Do 14–2, Fr/Sa 14–3.30, So 14–2 Uhr

....

LIVEMUSIK

....

Urbane Kulturfabrik

Korjaamo ☼ E 2

Lust auf Kultur? In der ›Werkstatt‹ (korjaamo) ist immer etwas los! Die gelben Hallen des ehemaligen Straßenbahndepots bieten heute Platz für Kunst und Unterhaltung, von Musik über Ausstellungen bis zu Theater ist alles dabei. Das Kino zeigt ausgewählte Streifen, und der kleine Hunger kann im Restaurant oder der Sushibar gestillt werden. Im Sommer finden die Events auch draußen im Garten statt. Im selben Gebäude findet man übrigens auch das Straßenbahnmuseum.

Wenn die Nacht beginnt

Töölönkatu 51 A/B, T 040 082 42 29, www.
korjaamo.fi, Tram: 2, 3, 4, 10, Bar: Di–Do 15–22,
Fr 15–23, Sa 12–23 Uhr, Programm online;
Museum: tgl. 11–17 Uhr, Eintritt frei

Wie in Dublin

Molly Malone's ☼ Karte 2, G 5
Die grün gestrichene Front des Lokals
signalisiert: Dies ist ein irischer Pub!
Und zwar Helsinkis ältester, der zudem
regelmäßig zu den Top Fifty in Europa
gewählt wird. Jeden Abend gibt's
Livemusik, oft auch Comedy, und steter
Guiness- oder Single-Malt-Nachschub
an den drei Bars sorgt für authentische
Stimmung. Die zwei Etagen des Pubs
sind oft gedrängt voll!

Kaisaniemenkatu 1C, www.mollymalones.fi,
Tram: 3, 5, 6, 7, 9, Metro: Helsingin Yliopisto,
So–Do 16–4, Fr/Sa 12–4 Uhr

Jazz Club, Restaurant und Street Bar

Storyville ☼ Karte 2, F 4
Seit Jahren hat sich das Storyville seinen
Ruf als einer der besten Jazz Clubs
weltweit bewahrt. Untergebracht in
einem ehemaligen Kohlenkeller, wird von
unterschiedlichen Bands Jazz und Blues
dargeboten, von traditionell bis cool und
modern. Eine Treppe höher gibt es gutes,
nicht zu teures Essen (u. a. ambitionierte
Cajun- und kreolische Küche), bei gutem
Wetter trifft man sich draußen auf einer
der gemütlichsten Terrassen der Stadt zu
Grillgerichten oder kühlem Lapinkulta an
der Street Bar.

Museokatu 8, www.storyville.fi, Tram: 4, 10,
Fr 22–4, Sa 22–5 Uhr

Wild und laut

Tavastia und Semifinal
☼ Karte 2, F 5
Die Legende lebt: Das 1970 gegründete
Tavastia ist der Rockclub des Landes,
in dem spielen zu dürfen nicht nur für
jeden finnischen Musiker eine Ehre
ist. Deshalb gibt's fast jeden Abend
Livemusik von anerkannten finnischen
oder auch ausländischen Bands – meist
ziemlich wild und laut. Das **Semifinal**
nebenan wirkt wie ein kleinerer Bruder;
hier verdienen sich meist Newcomer
ihre Sporen, um dereinst im Tavastia die
Bühne zu rocken (identische Öffnungszeiten, gleiche Website).

Urho Kekkosenkatu 4–6, www.tavastiaklubi.
fi, Metro: Kamppi, So–Do 20–1, Fr 21–04, Sa
20–04.30 Uhr

Das rockt!

On the Rocks ☼ Karte 2, G 4
Gut, dass On the Rocks neben dem Bahnhof liegt, dieser Nachbar wird sich wegen
des Lärms nicht beklagen! Im Keller-Rock
Club gibt es wöchentlich mehrere Live-
Acts und DJ-Parties, eine Treppe höher
und auf der Terrasse bzw. an der Street
Bar u. a. Stand-up-Comedy, Jam-Nights,
die Freitag- und Samstagabend-Partys
sind legendär. Poolbillard gibt's gratis
dazu. Den eigenen Stellenwert definiert
der Club ganz selbstbewusst: »Helsinki
is the rocking capital of Europe and
right in the center there's On the Rocks.
Welcome!«

Mikonkatu 15, T 040 063 09 60, www.rocks.
fi, Hbf, Metro: Helsingin Yliopisto, Street Bar tgl.
14–5 Uhr, Club vorübergehend geschlossen

THEATER, OPER, KONZERTE

Rund 50 Theater gibt es in Helsinki,
von den etablierten großen Häusern
bis zu den kleinen Avantgarde-Büh-
nen, den Tanztheatern oder den
Sommertheatern. Das bedeutendste
Haus ist das **Finnische Nationaltheater** (Suomen kansallisteatteri,
☼ Karte 2, G 4, www.kansallis
teatteri.fi) neben dem Bahnhof, das
meist Klassik im Repertoire hat.
Wer an Opern und Ballettstücken
interessiert ist, hat in der **Nationaloper** (Suomen kansallisooppera,
☼ F 3, www.oopperabaletti.fi) die
wichtigste Adresse. Für klassische
Musik ist Helsinki ein europaweit
geschätzter Spielort. Die größten
Konzerte werden auf den Bühnen
des **Musik-Hauses** (Helsingin musiikkitalo, ☼ F 4, www.musiikkita
lo.fi) und in der **Finlandia-Halle**
(Finlandiatalo, ☼ F 4, www.finlan
diatalo.fi) gegeben.

Livemusik vom Feinsten
Apollo Live Club ⚙ Karte 2, G 5
Wo sich tagsüber die Kunden mit ihren Einkaufstaschen drängen, bewegt man sich auch nachts noch dicht an dicht – dann allerdings gemeinsam im Takt der Musik. Als einer der populärsten Clubs der Stadt liegt das Apollo im zentralen Shoppingcenter Forum. An eine ehemalige Zeit als Kino erinnert noch die extravagante Ausstattung mit roten Vorhängen. Hier steht mal Livemusik, mal Disko oder Stand-up-Comedy auf dem Programm – und natürlich auch Karaoke.

Mannerheimintie 16, https://apolloliveclub.fi, Tram: 1, 2, 3, 4, 5, 6, 7, 10, Street Bar: Mo–Do 15–22, Fr/Sa 14–4, So 14–20 Uhr; Live Club u. Karaoke: Fr/Sa 22–4 Uhr; Altersgrenze 18 Jahre, Fr/Sa nach 22 Uhr 24 Jahre

TANZEN

Heilige Dreifaltigkeit
Kaiku ⚙ H 3
Lassen Sie sich vom ramponierten Äußeren des alten Fabrikgeländes nicht täuschen: Der Technoclub im hippen Viertel Kallio genießt internationalen Kultstatus! Und wenn's doch mal langweilig wird, liegen gleich nebenan der legendäre Undergroundclub Kuudes Linja (www.kuudeslinja.com) und das Siltanen (im Restaurant Onda, ▶ S. 97).

Hämeentie 13/Kaikukatu 4, www.clubkaiku.fi, T 045 111 14 66, www.clubkaiku.fi, Tram: 3, 6, 7, 9, Sa 10–4.30 Uhr

Historisches Haus im Park
Kaivohuone ⚙ H 7
Schon seit 1838 speiste in dem von Carl Ludwig Engel entworfenen Gebäude des alten Kurhauses die High-Society, und noch heute brummt inmitten des grünen Kaivopuisto-Parks das Leben. Allerdings kann von Entspannung kaum noch die Rede sein, wenn das alte Gemäuer des Nachts von Feierwütigen bevölkert wird. Auf der Bühne treten regelmäßig finnische Top-Acts auf. Wer der schwitzenden und tanzenden Menge entkommen und frische Luft schnappen will, genießt von der Terrasse aus eine großartige

LUST AUF KINO?

Finnkino (www.finnkino.fi, T 600 007 007) betreibt 15 Kinos in elf finnischen Städten: In seinen drei Helsinkier Häusern, **Kinopalatsi** (⚙ Karte 2, G 4, Kaisaniemenkatu 2), **Tennispalatsi** (⚙ Karte 2, F 5, Salomonkatu 15) und **Maxim** (⚙ Karte 2, G 5, Kluuvikatu 1), laufen internationale Blockbuster. Das Maxim ist Finnlands ältestes Lichtspielhaus und wurde 2018 wiedereröffnet.
Orion: ⚙ Karte 2, F 5, Eerikinkatu 15, https://cinemaorion.fi, Qualitätsstreifen in einem wunderschönen Art-déco-Kino von 1927.
Regina: ⚙ Karte 2, G 4, Töölönlahdenkatu 4, T 029 53 38 000, http://kinoregina.fi, cineastische Perlen des Nationalen Audivisuellen Instituts in der Zentralbibliothek Oodi.
Korjaamo Kino Bio Rex: ⚙ Karte 2, G 5, Mannerheimintie 22–24, https://korjaamokino.fi/en/, betreibt Fr–So ein Kino im Lasipalatsi und ein weiteres in Töölö (▶ S. 107)

Aussicht. Tipp: Bis zum Meeresufer ist es nur ein kurzer Nachtspaziergang!

Iso Puistotie 1, www.kaivohuone.fi, Tram. 3, Mai–Aug. Mi u. Fr/Sa 22–4 Uhr

Nordeuropas Gay-Klassiker
Hercules nightclub
⚙ Karte 2, F 5
Hier wird es garantiert keinem zu bunt: »Hercules« lässt die Muskeln spielen und brüstet sich damit, der größte Gay-Nightclub der nordischen Länder zu sein. Besucher aller Regenbogenfarben sind stets willkommen – hauptsächlich trifft man hier aber Männer über 30. In der zentralen Location beim Kamppi ist mit Live-DJs, Bands und Drag-Shows auf drei Etagen und mit bis zu 500 Feiernden immer etwas los.

Pohjoinen Rautatiekatu 21 (beim Kamppi), T 09 612 1776, https://hercules.fi, Metro: Kamppi, Tram: 1, 2, tgl. 22–5 Uhr

Hin & weg

ANKUNFT

Am Airport Helsinki-Vantaa

Der Flugplatz der finnischen Hauptstadt liegt ca. 20 km nördlich des Zentrums. Nach Vantaa gibt es von allen großen deutschen Flughäfen häufige Direktverbindungen. Flughafenbus: Die Buslinie 615 (›Lentoasema–Rautatientori‹) verbindet in 45 Min. nach festem Fahrplan Flughafen und Hauptbahnhof. Seit 2015/16 kann man alle 10 Minuten innerhalb einer halben Stunde auch mit dem Zug auf der neuen Ring Rail Line ins Zentrum kommen. Da diese Linie eine große Runde macht, ist es eigentlich egal, ob Sie den P-Zug (Helsinki–Tikkurila–Flughafen–Myyrmäki–Helsinki) oder den I-Zug in die entgegengesetzte Richtung nehmen. Die Rolltreppen zur Flughafen-Bahnstation befinden sich im Korridor zwischen den Terminals. Fahrkarten (ob für den Linienbus oder den Zug) erhält man am R-kioski oder an den HSL-Ticketautomaten, ein Regionalticket Vantaa-Helsinki kostet 4,10 €. Geringfügig teurer (6,80 €) ist die Fahrt mit dem Finnair City Bus, der von 5.30 bis 0.45 Uhr alle 20–30 Min. startet und mit nur einem Zwischenstopp am Hesparia-Park zum Bahnhofsplatz fährt. Auch Taxis sind ausreichend vorhanden, die Strecke bis zum Stadtzentrum Helsinki kostet etwa 40–45 €. Preisgünstiger ist ein Sammeltaxi (ca. 32 €, www.airporttaxi.fi).

HELSINKI CARD

Sehr lohnend ist der Erwerb der Helsinki Card (www.helsinkicard.com), wenn Sie die finnische Hauptstadt intensiv kennenlernen möchten. Sie kostet 51 €/24 Std., 63 €/48 Std. oder 74 €/72 Std., für die gesamte Region Helsinki mit Espoo und Vantaa 4–6 € mehr, und kann online oder an Verkaufsstellen vor Ort (u.a. an der Touristeninfo im Flughafen) erworben werden. Dafür haben Sie innerhalb des Stadtgebiets freie Fahrt in Bahnen, Bussen, Straßenbahnen, der Metro und der Suomenlinna-Fähre, freien Eintritt in mehr als 25 Sehenswürdigkeiten und ermäßigten in weiteren 25, kostenlose Sightseeingtouren und andere Vergünstigungen. Die 5–15 € günstigere Mobile Card fürs Smartphone gilt nicht für Verkehrsmittel. Wer auf Museumsbesuche keinen Wert legt, fährt preiswerter mit einem Tagesticket der Verkehrsbetriebe (8 €/24 Std., 12 €/48 Std., ▶ S. 112).

SICHERHEIT UND NOTFÄLLE

Finnland ist ein ausgesprochen sicheres Reiseland: Die Kriminalitätsrate liegt deutlich unter der fast aller anderen europäischen Länder. Vorsicht ist aber bei Ausflügen nach Tallinn oder St. Petersburg geboten, denn dort sieht die Sicherheitslage dramatisch schlechter aus! Die Polizeidienststelle liegt außerhalb des Zentrums in Pasila (Pasilanraitio 11). Bei Verlust oder Diebstahl der EC- oder Kreditkarte sollten Sie sofort die zentrale Notrufnummer in Deutschland anrufen, die für mehrere Banken und Kreditkarteninstitute tätig ist: (+49) 116 116 oder (+49) 30 40 50 40 50. Weitere Infos: www.sperr-notruf.de

Wichtige Notrufnummern

Zentraler Notruf: T 112 (gebührenfrei); Polizei in Helsinki: T 0295 47 00 11
Medizinische Notfälle: T 116 117 (24-Std.-Hotline)
Notfallversorgung: In medizinischen Notfällen wenden sich Ausländer am besten an die Universitätsklinik im Krankenhaus Haartman Hospital (Haartmaninkatu 4, T 09 47 17 11 20). Auch im Ärztezentrum Terveystalo Kamppi (Jaakonkatu 3, T 030 60 00) ist in der

Regel englischsprachiges Personal. In weniger akuten Fällen hilft das nächste Medizinische Zentrum *(terveysasema)*.

DIPLOMATISCHE VERTRETUNGEN

Botschaft der Bundesrepublik Deutschland: T 09 45 85 80, www. helsinki.diplo.de
Österreichische Botschaft: T 09 681 86 00, www.bmeia.gv.at/oeb-helsinki/
Schweizer Botschaft: T 09 622 95 00, www.eda.admin.ch/helsinki

INFORMATIONEN

Tourist Information: in der VR-Ticket-halle im Hbf., Kaivokatu 1, T 09 31 01 33 00, www.myhelsinki.fi, Mo–Fr 9.30–17.30, Sa/So 10–16, Mai–Sept. Mo–Fr 9–19, Sa/So 10–17 Uhr; Zweigstellen in der Ankunftshalle des Flughafens, im Sommer im Stockmann und bei der Havis-Amanda Statue

WEBSITES

www.myhelsinki.fi: Tourismus-Seite mit allen wichtigen Reiseinfos
www.discoverhelsinki.fi: Information und Inspiration für den Städtetrip, auch als App
www.visitfinland.com: Reiseziele im gesamten Land
www.hel.fi: offizielle Website der Stadt
www.helsinkithisweek.com: What's on in Helsinki? Hier erfahren Sie es.
www.yle.fi/uutiset/osasto/news: tagesaktuelle Nachrichten auf Englisch
www.finland.fi: alles, was man schon immer über Finnland wissen wollte

UMWELTFREUNDLICH UNTERWEGS

Für einen Helsinki-Besuch benötigt man keinen Wagen – alle interessanten Sehenswürdigkeiten, Stadtteile und Ausflugsziele sind mit öffentlichen Verkehrsmitteln oder den Citybikes bestens

---

CORONA

Deutschsprachige Reise- und Sicherheitshinweise finden sich beim Auswärtigen Amt (www.auswaertiges-amt.de), weitere Infos und Links auf den Seiten der Botschaften (siehe links) sowie – auf Englisch – auf den Websites der Stadt und der Touristeninformationen MyHelsinki und VisitFinland (siehe links unten). Die finnische Gesundheitsbehörde THL (aktuelle Statistiken unter https://thl.fi/en/web) empfiehlt, die COVID-19 Tracing App Koronavilkku zu installieren (Stand Sept. 2020).

---

erreichbar. Auf **www.myhelsinki.fi/en/think-sustainably** findet man auf Englisch alles für eine nachhaltige Zeit in der Stadt, unter www.hel.fi/Helsinki/en/maps-and-transport hilfreiche Infos zu allen Fortbewegungsmitteln. Wer dennoch mit dem Auto unterwegs ist, sollte möglichst außerhalb parken und die öffentlichen Verkehrsmittel nutzen, um Zeit und Kosten zu sparen (Stichwort »Park and Ride«).

… mit öffentlichen Verkehrsmitteln
Helsinki besitzt ein gut ausgebautes Nahverkehrsnetz mit Bussen, Tram, Metro und einer städtischen Fähre nach Suomenlinna. Die hauptstädtische Metro, die als ›Länsimetro‹ gen Westen erweitert wird und seit 2017 bis nach Espoo führt (derzeitige Endstation: Matinkylä), ist die nördlichste U-Bahn der Welt und die einzige Finnlands.
Das gesamte Netz wird von den städtischen Verkehrsbetrieben HSL unterhalten (englischsprachige Website mit ausführlichen Infos über Strecken und Tarife: www.hsl.fi/en, T 09 47 66 40 00). Die Tarife hängen von der Entfernung – vier Zonen im Großraum Helsinki – und davon ab, wie man **Tickets** kauft: Einzelfahrscheine für Bus, Bahn, Tram und Metro innerhalb der City erhält man für 2,80 € an den blauen Ticketautomaten, über die HSL-App oder etwas teurer für 4 € beim Busfahrer.

Die Stadt lässt sich auf vielerlei Wegen erkunden, am besten jedoch mit der Tram oder den gelben City-Bikes.

Wer den öffentlichen Nahverkehr ausgiebig nutzen möchte, sollte sich Tagestickets besorgen, die es für bis zu 7 Tage in der App, an den Automaten, bei den R-Kiosken (u. a. am Hauptbahnhof, Metrostationen, Busbahnhof), für einen Tag auch beim Busfahrer gibt.

Mit einem **Tagesticket** (8 €) kann man 24 Std. lang alle öffentlichen Verkehrsmittel in der Stadt inkl. der Suomenlinna-Fäh-re nutzen (12 €/2 Tage, 16 €/3 Tage). Diese recht preiswerte Art des Reisens gibt es auch für weitere Zonen, sodass man z. B. für 15 €/Tag (22,50 €/2 Tage, 30 €/3 Tage) auch zu und in den Nachbargemeinden Espoo, Kauniainen, Vantaa, Kerava, Sipoo and Kirkkonummi reisen kann. Mit der **Helsinki Card** (mit Ausnahme der Helsinki Card Mobil) sind alle öffentlichen Verkehrsmittel umsonst.

Der wichtigste Verkehrsknotenpunkt ist das Busterminal Kamppi, das unterirdisch wenige Schritte vom Hauptbahnhof jenseits der Mannerheimintie liegt. Auf dem E-Level fahren Busse nach Espoo, auf dem K-Level Fernbusse in alle Ecken Finnlands ab (Fernverkehr unter www.matkahuolto.fi).

Achtung: Bei einer Fahrscheinkontrolle bekommen Touristen ohne Ticket keinen Touristen-Bonus! Die Strafgebühr beträgt 80 € plus Fahrpreis.

… mit dem Fahrrad

Im Vergleich zu Stockholm und vor allem Kopenhagen war Helsinki ein Nachzügler, was den Ausbau des Fahrradweg-Netzes betrifft. Aber auch hier hat die Stadt mit 1200 km Fahrradwegen gewaltig aufgeholt, und es macht Laune, die Inseln und Buchten mit dem Rad abzufahren. Fahrradverleiher gibt es an vielen Stellen, auch bieten etliche

---

FAHREN SIE TRAM!

Wenn sich Helsinki schon von seiner sympathisch-altmodischen Tram nicht getrennt hat, sollte man diese auch auf jeden Fall mindestens einmal nutzen. Dies umso mehr, als mit der Straßenbahn wirklich alle Hauptsehenswürdigkeiten schnell und bequem erreicht werden können. Die grünen Wagen fahren mit kurzer Taktung, sind schneller als entsprechende Busverbindungen, die großen Fenster ermöglichen Sightseeing, und man bewegt sich zusammen mit einem repräsentativen Querschnitt der Helsinkier Gesellschaft! Die Linien 2 und 3 bilden gemeinsam eine große Schleife, die man auch als klassische Sightseeingtour bezeichnen könnte (Umstieg bei ›Auroran sairaala‹). Also: für 8 € ein Tagesticket besorgen (Einzelticket 2,80 €), Helsinki mit der Tram selbst entdecken und den teuren Sightseeing-Anbietern eine Nase drehen! Wer's historisch mag, dreht im Sommer vom Markplatz eine 20-minütige Runde mit der ›Vintage Tram‹ (Mitte Mai–Anf. Aug. Sa/So 10–17 Uhr alle 20–30 Min., Ticket 6 €, www.stadinratikat.fi). Und durstige Seelen machen ihre Fahrt in der Pub Tram von SpåraKOFF (▶ S. 106).

Unterkünfte ihren Gästen Leihräder an. Daneben stehen im Sommer allein in Helsinki und Espoo an rund 350 Stationen 3500 knallgelbe Citybikes zur Verfügung, die als Teil des ÖPNV betrachtet werden. Um sie zu benutzen, muss man sich unter www.hsl.fi/en/citybikes registrieren (Menüführung auf Engl., Kreditkarte notwendig). Mit der erhaltenen PIN-Nummer kann man dann die Räder ausleihen und an einer der Stationen wieder abgeben. Die Drahtesel können jedoch nur max. 30 Min. am Stück genutzt werden, ansonsten entstehen Gebühren (von 1 €/Std.; bei über 5 Std. 80 € Verzugsgebühr). Auf einer Online-Karte ist ersichtlich, an welcher nahe gelegenen Station ein Citybike zur Verfügung steht (www.hsl.fi/en/citybikes/stations/).

… mit Wasserbussen und Ausflugsbooten

Außer den billigeren städtischen Fähren nach Suomenlinna starten den ganzen Sommer über in kurzen Intervallen Ausflugsboote und Wasserbusse *(vesibussi)* u. a. nach Suomenlinna, zum Zoo, nach Tapiola, in den Schärengarten, zu den vorgelagerten Inselchen und zu weiter entfernten Zielen wie Loviisa, Porvoo, Tammisaari und Hanko. Die meisten Boote legen am Kauppatori-Platz ab, aber es gibt viele weitere Verbindungen von den Anlegern in Ruoholahti (nahe der Ex-Nokia-Kabelfabrik Kaapelitehdas), Kaivopuisto und Eira (nahe dem Café Carusel und dem Café Ursula), am Olympiakai und am Hakaniemi-Platz.

… mit dem Sightseeing-Bus

Unterschiedliche Busrundfahrten gibt es ganzjährig bei Strömma (T 09 22 88 16 00, www.stromma.fi/en/helsinki), u. a. eine Panoramatour, die täglich um 11 Uhr an der Fabianinkatu nahe der Esplanade startet (knapp 2 Std., 32 €, auch auf Deutsch). Im Sommer werden auch die klassischen Helsinki-Rundfahrten nach dem Hop-on-Hop-off-Prinzip angeboten: Eine Tour dauert etwa 90 Min., wobei man an 20 Stationen den Bus beliebig verlassen oder zusteigen

---

MIT DEM BOOT

Bootsrundfahrten verschaffen einen Überblick über die städtische Inselwelt. 315 Inseln sind es im Stadtgebiet, und da sind nur die größeren mitgezählt. Die Boote starten meist am Marktplatz, und man hat die Qual der Wahl zwischen Schnellboot und Segelschiff, historischem Raddampfer oder modernem Ausflugsboot, einstündiger oder ganztägiger Exkursion – Sightseeing-Touren vom Wasser aus kosten ca. 25 €/Pers. (weitere Infos unter www.royalline.fi und www.stromma.fi) –, auch als Kombipaket mit Busrundfahrten (s. u.). Bis nach Porvoo und Loviisa gehen die Touren des historischen Dampfers J.L. Runeberg (www.msjlruneberg.fi). Auch Lunch- und Dinner-Kreuzfahrten sind sehr beliebt. Einen kleinen Eindruck bekommt man schon auf den Fähren nach Suomenlinna und zur Zooinsel Korkeasaari. Ein Erlebnis der besonderen Art ist der Segeltörn mit dem historischen Kriegsschiff ›Diana‹ vor Suomenlinna (ab 25 €, www.suomenlinnatours.com).

---

kann – das Ticket gilt 24 Std. Die offenen roten Doppeldeckerbusse fahren zwischen 10 und 16 Uhr alle 20–30 Min. am Senatsplatz ab. Die Busse der Firma Strömma sind von Mitte April bis Mitte Okt. unterwegs (30 €/24 Std., 44 €/48 Std.), die der Firma CityTours von Mai bis Sept. (30 €/24 Std., T 020 711 83 38, www.citytour.fi). Beide Unternehmen bieten zudem Kombitickets mitsamt einer 1,5-stündigen Bootstour an (Strömma 44 €/24 Std., 58 €/48 Std.; CityTours 42 €/24 Std.). Für 43 € sind beim City Pass (48 Std., www.citypass.fi) zusätzlich eine Abendrundfahrt, eine Fährfahrt nach Suomenlinna, das Ehrensvärd-Museum und weitere Rabatte dabei. Tickets gibt es online, an Bord der Busse oder bei den Verkaufsstellen vor Ort.

O-Ton Helsinki

yksi, kaksi, kolme

eins, zwei, drei

kyllä

EI

ja

ole hyvä

nein

bitte

kiitos

danke

kippis

Prost

MOI

Hallo

Kahvihammastani pakottaa.

käydä saunassa

Mein Kaffeezahn schmerzt.
Ich habe Kaffeedurst.

in die Sauna gehen

Sauna on köyhän apteekki

LISÄTÄ LÖYLYÄ

Die Sauna ist die Apotheke des Armen.

den Dampf in der Sauna vermehren
Öl ins Feuer gießen

Register

Register

Das Klima im Blick

Reisen bereichert und verbindet Menschen und Kulturen. Wer reist, erzeugt auch CO_2. Der Flugverkehr trägt mit bis zu 10 % zur globalen Erwärmung bei. Wer das Klima schützen will, sollte sich – wenn möglich – für eine schonendere Reiseform entscheiden oder die Projekte von atmosfair unterstützen. Flugpassagiere spenden einen kilometerabhängigen Beitrag für die von ihnen verursachten Emissionen und finanzieren damit Projekte in Entwicklungsländern, die dort den Ausstoß von Klimagasen verringern helfen (www.atmosfair.de). Auch die Mitarbeiter des DuMont Reiseverlags fliegen mit atmosfair!

Abbildungsnachweis

Franz-Marc Frei, München: S. 4 o., 23, 33

Getty Images, München: S. 93 (AWL Images RM); 102 (Bloomberg/Henrik Kettunen); 43 (Crystoll Photography); 107 (Holger Leue); 120/4 (Jo Hale); 8/9 (Santiago Urquijo)

iStock.com, Calgary (CA): Titelbild, Faltplan (bluejayphoto); 120/5 (Tatiana Savvateeva)

Judith Rixen, Wegberg: S. 58

laif, Köln: Umschlagklappe hinten, 16/17 (Achim Multhaupt); 120/6 (Gamma-Rapho); 12/13, 20, 39, 62, 66, 70 (Gulliver Theis); 27, 37 (hemis.fr/Franck Guiziou); 46 (Madame Figaro/Robert Holden); 40 (Redux/NYT/Vesa Laitinen)

Lookphotos, München: S. 42 (age fotostock); 44 (SagaPhoto)

Mauritius Images, Mittenwald: S. 21 (age fotostock/Eduardo Grund); 68 (Alamy/FinPics); 98, 101 (Alamy/Luis Dafos); 35 (Alamy/Marinuse – People); 29 (Alamy/Pekka Liukkonen); 112 (Alamy/Roman Sigaev); 36 (Alamy/Tatyana Aksenova); 49 (Alamy/Villorejo); 7 (Folio Images RF/Werner Nystrand); 56 (Harry Walker); 120/7 (United Archives)

picture-alliance, Frankfurt a. M.: S. 54 (dpa/Epi Puromies); 120/9 (dpa/Heikki Saukkomaa); 120/3 (dpa/Jorma Marstio); 120/8 (dpa/Vesa Moilanen); 120/2 (Lehtikuva/Kimmo Mänrylä); 120/1 (Lehtikuva/Reino Loppinen); 14/15 (The Photo Collector)

Ulrich Quack, Mönchengladbach: S. 32, 50, 83

Visit Helsinki, Helsinki (FI): S. 24, 86; 28 (Arabia); 51, 75 (Comma Image Oy); 54 (Esko Jämsä); 90 (Ewan Bell); 61 (Helsinki City Photo Competition at Flickr.com/sashapo); 78/79 (Heureka); 89 (Hotel F6); 4 u. (Juho Kuva); 25, 47, 53, 65, 73, 74, 80, 85, 104 (Jussi Hellsten); 59 (Lauri Rotko); 77 (Niclas Sjöblom); 64 (Paul Williams); 71 (Saurasaari Foundation's Collection)

Zeichnungen S. 2, 11, 22, 48, 55, 67: Gerald Konopik, Fürstenfeldbruck

Zeichnungen S. 5: Antonia Selzer, Lörrach

Zitat

Umschlagklappe hinten: Linus Torvalds Interview, Hiroo Yamagata, hotWired, Japan, 1997

Kartografie: DuMont Reisekartografie, Fürstenfeldbruck
© DuMont Reiseverlag, Ostfildern

Umschlagfotos

Titelbild: Winterliches Hafenareal mit der Uspenski-Kathedrale im Hintergrund
Umschlagklappe hinten: Ein echter Finne kühlt sich nach dem Saunagang in der Ostsee ab

Hinweis: Autoren und Verlag haben alle Informationen mit größtmöglicher Sorgfalt geprüft. Gleichwohl erfolgen alle Angaben ohne Gewähr. Infolge der Corona-Pandemie im Jahr 2020 kann es darüber hinaus zu kurzfristigen Geschäftsschließungen und anderen Änderungen vor Ort gekommen sein. Bitte schreiben Sie uns! Über Ihre Rückmeldung zum Buch und Verbesserungsvorschläge freuen sich Autoren und Verlag:
DuMont Reiseverlag, Postfach 3151, 73751 Ostfildern,
info@dumontreise.de, www.dumontreise.de

3., aktualisierte Auflage 2021
© DuMont Reiseverlag, Ostfildern
Alle Rechte vorbehalten
Autoren: Ulrich Quack, Judith Rixen
Redaktion/Lektorat: Anne Winterling, Sebastian Schaffmeister
Bildredaktion: Stefan L. Scholtz
Grafisches Konzept: Eggers+Diaper, Potsdam
Printed in China

Kennen Sie die?

Tove Jansson
Die Finnlandschwedin war ein echtes Multitalent: Mutter der knuddeligen Mumins, Schriftstellerin, Illustratorin, Comicautorin und begnadete Malerin. Seit 2016 gibt's ihre Werke dauerhaft im HAM.

Linus Torvalds
Der finnisch-amerikanische Informatiker zeigte der Welt, was in kalten, dunklen Wintern in Helsinki entstehen kann: Er entwickelte ein neues kostenloses Betriebssystem mit Namen Linux.

Sofi Oksanen
Die finnisch-estnische Schriftstellerin und Feministin ist für die Literaturszene, was ihr Heimatviertel Kallio für Helsinki ist: multikulti, ein wenig speziell und ganz groß im Kommen.

Ville Hermanni Valo
Love Metal nennen die Jungs von His Infernal Majesty (HIM) ihre Musik und Ville Valo aus Helsinkis Viertel Vallila ist ihr Sänger, Songwriter und Multi-Instrumentalist. Sanft kann er auch: »Summer Wine«.

Havis Amanda
Die bronzene Lady, mit ihren weiblichen Kurven und einer stattlichen Größe von 5 m ein echtes Vollweib, verkörpert als ›Tochter der Ostsee‹, die den Fluten entsteigt, die Seele der Stadt.

Paavo Nurmi
Er lief und lief und lief und holte neun Goldmedaillen bei Olympia – Weltrekord! Nackt, wie das Bronzedenkmal vor dem Olympiastadion suggeriert, war er dabei allerdings nie.

Urho Kaleva Kekkonen
Der ›Kahlschädel mit Brille‹ machte ein Vierteljahrhundert lang Weltpolitik in der Sauna und wird von vielen Finnen bis heute für seine Verdienste um Finnland verehrt.

Tarja Turunen
Die dunkle Seite der finnischen Seele drückt sich in Metal aus. Turunen singt es mit einem Stimmumfang von fast drei Oktaven, bis 2005 bei der Band Nightwish.

Arto Paasilinna
Paasilinnas Bücher (»Der wunderbare Massenselbstmord«) sind skurril und triefen vor schwarzem Humor. Einige Finnen sind so schräg wie im Buch beschrieben.